职前全科教师背景下的小学英语教学与教师培养

余鸿 苏红 著

中国纺织出版社有限公司

内容提要

本书旨在探索在全球化的时代背景下，如何有效地培养能够适应未来教育需求的全科教师，特别是小学英语教师。本书从职前全科教师的培养出发，深入分析了小学英语教学的现状、职前全科教师的英语教学能力培养、职前全科教师培养体系的优化建议等内容，以适应现代小学英语教学的需求。书中不仅关注教学方法与策略的实际应用，还强调了评价与反馈机制的重要性。本书致力于为职前全科教师、教育学学者和政策制定者提供实用的指导，共同探索小学英语教育以及如何培养能够引领未来教育变革的全科教师。

图书在版编目（CIP）数据

职前全科教师背景下的小学英语教学与教师培养 / 余鸿，苏红著． -- 北京：中国纺织出版社有限公司，2024. 11. -- ISBN 978-7-5229-2279-9

Ⅰ . G623.312

中国国家版本馆 CIP 数据核字第 2024KU0448 号

责任编辑：李立静　哈新迪　　　责任校对：高　涵
责任印制：储志伟

中国纺织出版社有限公司出版发行
地址：北京市朝阳区百子湾东里A407号楼　邮政编码：100124
销售电话：010—67004422　　传真：010—87155801
http://www.c-textilep.com
中国纺织出版社天猫旗舰店
官方微博 http://weibo.com/2119887771
河北延风印务有限公司印刷　各地新华书店经销
2024 年 11 月第 1 版第 1 次印刷
开本：710×1000　1/16　印张：9.75
字数：156千字　定价：99.90元

凡购本书，如有缺页、倒页、脱页，由本社图书营销中心调换

前 言

在全球化背景下，小学英语教育的重要性日益增长。随着教育理念的不断进步和技术的迅速发展，小学英语教学与教师培养面临着前所未有的挑战与机遇。本书旨在探索在这一时代背景下，如何有效地培养能够适应未来教育需求的、具有全科教师背景的小学英语教师。

本书从职前全科教师的培养背景出发，深入分析了小学英语教学现状，同时提出了一系列创新教学方法与策略，以及职前全科教师的专业发展路径。将教育学与心理学的基础理论与语言教学理论相结合，以适应现代小学英语教学的需求。

本书不仅关注教学方法与策略的实际应用，如游戏与互动教学法、故事讲述与角色扮演、多媒体与信息技术的运用，还强调了评价与反馈机制的重要性。此外，本书详细讨论了职前全科教师的英语教学能力培养，包括语言技能、文化意识、创新思维与教学设计能力的培养，以及反思实践与持续专业发展的必要性。

在总结职前全科教师培养体系的优化建议时，本书提出了基于能力培养的课程体系重构、实践教学环节的优化与创新，以及教师专业发展与终身学习的支持等策略。最后，本书展望了当前职前全科教师培养体系面临的挑战、小学英语教育中的机遇与创新，以及职前全科教师背景下小学英语教师培养的未来方向。

本书致力于为教育工作者、学者和政策制定者提供指导，共同探索小学英语教育的新路径，培养能够引领未来教育变革的全科教师。

著者

2024 年 4 月

/ 目 录 /

第一章　引言　　　　　　　　　　　　　　　　　　　　　　　　/ 1
　　第一节　研究背景与意义　　　　　　　　　　　　　　　　　1
　　第二节　研究目的与问题　　　　　　　　　　　　　　　　　5
　　第三节　研究范围与方法　　　　　　　　　　　　　　　　　9

第二章　全科教师与小学英语教学现状　　　　　　　　　　　　　/ 13
　　第一节　全科教师在小学教育中的作用　　　　　　　　　　13
　　第二节　小学英语教学的特点与挑战　　　　　　　　　　　24
　　第三节　职前全科教师对小学英语教学的准备情况及专业发展策略提升　36

第三章　职前全科教师培养的理论基础　　　　　　　　　　　　　/ 47
　　第一节　教育学与心理学支持的教师培养模式　　　　　　　47
　　第二节　语言教学理论在小学英语教育中的应用　　　　　　51

第四章　小学英语教学的方法与策略　　　　　　　　　　　　　　/ 57
　　第一节　游戏与互动教学法　　　　　　　　　　　　　　　57
　　第二节　故事讲述与角色扮演　　　　　　　　　　　　　　66
　　第三节　多媒体与信息技术的运用　　　　　　　　　　　　75
　　第四节　评价与反馈机制　　　　　　　　　　　　　　　　83

第五章　职前全科教师的英语教学能力培养　　　　　　　　　　　/ 91
　　第一节　语言技能与教学方法培养　　　　　　　　　　　　91

第二节　文化意识与跨文化交际能力培养　　　　　　　　　　97
　　第三节　创新思维与教学设计能力培养　　　　　　　　　　101
　　第四节　反思实践与持续专业发展　　　　　　　　　　　　106

第六章　职前全科教师培养体系的优化建议　　　　　　　　　／117
　　第一节　基于能力培养的课程体系重构　　　　　　　　　　117
　　第二节　实践教学环节的优化与创新　　　　　　　　　　　125

第七章　挑战、机遇与未来方向　　　　　　　　　　　　　　／133
　　第一节　当前职前全科教师培养体系面临的挑战　　　　　　133
　　第二节　小学英语教育中的机遇与创新　　　　　　　　　　138
　　第三节　职前全科教师背景下，小学英语教师培养的未来方向　143

参考文献　　　　　　　　　　　　　　　　　　　　　　　　／149

第一章 引言

第一节 研究背景与意义

在当前的教育体系中，全科教师扮演着至关重要的角色，特别是在小学英语教学领域。这些教师不仅负责传授知识，更重要的是激发学生对英语学习的兴趣和热情。在小学阶段培养学生的英语能力尤为重要，然而，职前全科教师在接受培训时往往缺乏专门的小学英语教学指导，这不仅影响了教学质量，也限制了学生的英语学习潜力。因此，研究职前全科教师背景下的小学英语教学及其教师培养机制，旨在提出有效的培训策略，以提高教师的教学能力和学生的英语水平。通过这样的研究，我们可以更好地理解全科教师在小学英语教学中的作用，为教师提供更有针对性的培训，从而提升整个教育体系的质量。

一、职前全科教师的定义与角色

职前全科教师通常指那些尚未正式进入教育行业、正在接受师范教育或教师培训的学生。这些未来的教师在大学中学习各种教学方法、心理学原理以及专业知识，旨在为其将来的教学生涯打下坚实的基础。他们的教育背景通常包括教育学、心理学以及他们所选择的专业科目知识，比如英语语言学。全科教师不限于单一科目的教学，他们需要具备跨学科的教学能力，能够在小学多科目的教学环境中灵活应对。

在小学英语教育中，全科教师的角色尤为重要。他们不仅是知识的传递者，更是学生学习兴趣的培养者和学习方法的引导者。小学阶段是学生语言学习的关键期，全科教师通过各种互动和富有创意的教学方法，如角色扮演、故事讲述、歌曲和游戏，能够有效地提高学生对英语学习的兴趣，为学生日后的语言学习奠定坚实的基础。

全科教师对小学生英语学习成效的影响不容小觑。教师的教学方法、对学生的态度以及教学内容的选择都直接影响学生的学习效果。一位富有热情、方法得当的全科教师能激发学生的学习兴趣、提高其参与度，从而在语言学习中取得更好的成绩。此外，全科教师通过持续的提升自我和发展专业，能够不断优化教学策略，进一步提高教学质量。

二、小学英语教学的现状与挑战

（一）小学英语教学的现状

当前小学英语教育仍然沿用着较为传统的教学模式，这种模式过分强调对语法规则和词汇量的记忆，而忽略了学生英语听说技能的培养以及英语实际应用能力的提高。这种教学方法可能会导致学生对英语学习失去兴趣，从而影响他们学习英语的长期效果。

传统的教学模式与现代教育理念之间存在着显著的差异。现代教育强调以学生为中心，鼓励通过互动、合作学习和项目基础的任务来促进学生的综合语言运用能力。然而，传统教学法的课堂往往缺乏足够的互动和创新，这限制了学生思维的拓展和创造力的发挥。因此，为了提高教学效果，适应新时代的教育需求，小学英语教学必须进行改革，以培养学生的实际语言运用能力，提高他们的综合语言水平。这要求教师不断更新教育理念，掌握现代教学方法，并且需要教育决策者在政策和资源分配上进行合理的规划，确保每位学生都能享有高质量的英语学习机会。

（二）全科教师在教学中存在的问题

全科教师在小学英语教学领域所遇到的问题是他们普遍缺乏教学实践经验，这导致在教授英语这门课程时，在如何有效激发学生的学习兴趣、选择合适的教学方法以及应对课堂多样性的问题上，往往缺乏深入和系统的了解。他们还未完全掌握如何通过游戏、故事讲述、角色扮演等互动和趣味性强的方法，来提高学生的学习动机，特别是在面对不同学习风格和能力的学生时，如何调整教学策略以适应每个学生的需求，成为他们必须在入职前解决的难题。

此外，全科教师还必须学会如何在有限的时间内有效地规划和设计课程，这是另一个挑战。他们需要精心安排教学内容，确保覆盖所有必要的知识点，同时又要保证课程的连贯性和系统性。如何在紧凑的课程安排中留出足够的时间来深入探讨每个主题，以及如何平衡不同学生的学习速度和理解能力，以保证每位学生都能在英语学习中取得进步，这些都是全科教师在课程设计方面需要面对的挑战。

面对这些挑战，全科教师需要在入职后通过持续的实践经验的积累来提升自己的教学技巧和策略。这不仅包括参加更多的培训课程和研讨会，以了解最新的教学方法和理论，也涉及在实际教学中不断尝试和反思，以找到最适合自己和学生的教学方式。通过这样的过程，全科教师可以逐渐克服这些挑战，提高自己的教学效果，为学生创造一个更加有利的学习环境。

三、职前全科教师培养的必要性与重要性

（一）职前全科教师培养的必要性

在当代的教育体系中，随着社会对教育质量要求的不断提高及国际化趋势，职前全科教师的培训和发展显得格外关键。这一趋势在小学英语教育领域表现得尤为明显，因为英语已成为全球通用的语言，对学生的未来学习和职业生涯至关重要。在这样的背景下，英语教师不仅要有坚实的学科基础，还需掌握一系列创新和高效的教学方法，以适应来自不同文化和学习背景的学生群体，激发他们对英语学习的热情，并最大限度地挖掘他们的学习潜力。

为了实现这一目标，职前英语教师的培养不应仅限于传统的知识传授，更要有对现代教育理念、多元化教学策略以及跨文化交际能力的深入理解和实践。例如，通过采用项目基础学习、合作学习和信息通信技术（ICT）工具，教师能够创造一个互动和包容的学习环境，鼓励学生主动探索和应用英语。此外，职前教师还需要学习如何识别和满足学生的个别学习需求，通过个性化的指导帮助每一位学生并挖掘其潜力。

系统化、多维度的职前教师培养不仅意味着提高未来教师的专业水平，而且是提升整个教育系统质量的关键，尤其是在小学英语教育这一基础但又重要的学科。只有这样，我们才能培养出既具备丰富学科知识又懂得如何灵活应对教学挑

战、能够激发学生潜力具备全科教学能力的小学英语教师，进而确保学生能够在全球化的世界中更好地学习和使用英语。

（二）小学英语职前全科教师培养的重要性

职前全科教师背景下，小学英语教师的培养在提升小学生英语学习成效方面扮演着至关重要的角色。作为教学活动中最关键的参与者，教师的专业素养和教学技巧无疑是影响教学质量和学生学习体验的决定性因素。深度和系统的教师培养计划能够确保教师掌握一系列创新的教学方法和技巧，不仅能够吸引学生的注意力，激发他们对英语学习的热情，还能够有效地引导学生学习，增强学习自主性，从而在英语学习的过程中建立起自信心，显著提高学习效率和学习成果。

通过专业的培养，全科教师将能更加熟练地应对教学过程中的各种挑战，包括如何进行差异化教学以适应不同学生的需求、如何设计符合学生兴趣和学习目标的课程内容，以及如何高效地管理课堂时间和利用教学资源。这些能力对于创造一个包容、互动和富有成效的学习环境至关重要。在这样的环境下，学生不仅能够获得知识，更能够培养出解决问题的能力、批判性思维和创新思维，为他们未来的学习和生活奠定坚实的基础。

此外，当教师能够有效地管理课堂并激发学生的学习兴趣时，他们同样能够引入更多与真实世界相关的英语使用场景，使学生能够在实践中学习英语，从而更好地理解语言的实际应用价值。这样的教学方法不仅增强了学生对英语学习的兴趣，也促进了学生英语能力的全面发展。

综上所述，职前全科教师背景下，小学英语教师的专业培养对于提高教学质量和学生学习成效具有不可估量的正面影响。通过提升教师的专业素养和教学技能，能够为小学生创造一个更加动态、互动和效果显著的英语学习环境，进而促进他们英语能力的全面提升，为他们的未来打好基础。

四、研究意义

本研究旨在深入探讨职前全科教师背景下小学英语教师培养模式及提高教学质量的策略。这一研究对于理解职前全科教师培养的重要性具有一定意义。通过系统地分析全科教师在小学英语教学中的角色，本研究揭示了教师专业发展与学生学习成效之间的密切关系，为教师教育和教学实践提供了理论基础。

本研究对于优化职前全科教师培养模式和提高英语教学质量有一定的实际意义。通过识别当前教育体系中存在的问题和挑战，本研究提出了一系列具体的建议和改进措施，旨在改进职前教师的培训内容和方法，增强其教学技能和专业知识。这不仅有助于提升教师自身的素养，也将直接影响学生的学习体验和学习成效，进而提高教学质量。

本研究的成果对于教育政策的制定和教育实践具有潜在的价值。研究结果可为教育决策者提供科学依据，帮助他们在制定相关政策和措施时考虑到职前教师培养的重要性，从而在国家或地区层面上推广有效的教师培养和发展策略。此外，本研究也可为一线教师提供实用的指导，帮助他们更好地理解自身在教育过程中的作用，鼓励他们采取创新的教学方法，不断提升教学质量。通过这样的研究，我们可以期待构建一个更加高效、更具包容性的教育环境，为未来的学生提供更优质的教育资源和学习机会。

第二节 研究目的与问题

一、研究目的

本研究致力于探讨全科教师在小学英语教育领域的关键作用及其面临的挑战。随着全球化进程的加速，英语教育的重要性日益突显，特别是在小学阶段培养学生的英语能力，对他们的未来学习和生活具有深远的影响。然而，当前的教学实践中存在着部分问题，包括教师专业知识和技能的不足，教学方法的单一，以及对教师个人职业发展支持的缺乏等。这些问题不仅影响了教学质量，也限制了学生英语学习效果的提升。

针对这些挑战，本研究的目的在于通过深入分析职前全科教师的教学和培养模式，探索有效提升小学英语教学质量的途径。识别并解决当前小学英语教育中存在的关键问题，通过提出创新的教师培养策略和教学方法，促进学生的英语学习成效，以及全面发展他们的语言运用能力。

预期的研究成果发展出与时俱进的职前全科教师培养模式，这一模式将综合考虑教育理念、教学方法以及教育技术；提出实用有效的教学方法改进建议，这些建议将侧重于激发学生的学习兴趣，提高他们的英语语言实际应用能力；为教育政策制定提供科学的依据；为教师职业发展和小学英语教育的持续改进提出建议。通过这些成果的实现，本研究希望为小学英语教育质量提升贡献力量，为学生打下坚实的语言学习基础。

二、研究的问题

探讨职前全科教师在小学英语教育中的作用及其培养过程，提出一系列旨在深入理解和解决当前教育挑战的核心问题。

（一）主要研究的问题

本研究从宏观角度审视全科教师在小学英语教学中的角色及其必备的专业知识和技能。这一核心问题旨在探索全科教师如何通过其专业知识和技能有效地提高教学效果，同时，这也涉及他们在促进学生英语学习成效方面的能力和策略。

（二）具体研究的问题

1. 教师培养需求分析

在对职前全科教师的培养体系进行深入分析的过程中，我们着重考察该体系是否充分配备了未来教师面对小学英语教育所需的各项关键技能与知识。这一考量不仅包括基本的语言教学能力，如语法、词汇以及发音教学，还涉及更为广泛的教育技能，例如课堂管理、学生心理理解以及如何运用现代技术和媒体资源进行教学。

本研究尤其关注教师培养体系是否提供了足够的实践机会，如实习、模拟教学以及与资深教师的互动学习，这些都是提升未来教师教育实践能力的重要环节。实践经验不仅能够帮助职前教师在真实的教学环境中应用其理论知识，还能够让他们面对实际的教学挑战，如学生差异化学习、课堂多元化管理等。

本研究探讨了现有培养体系在满足小学英语教学需求方面的具体差距。这些差距体现在教师对英语教学特定方法的掌握不足，对学生个性化需求应对策略的缺乏，或是在运用新兴教学技术方面的不熟练。通过识别这些差距，我们可以提出具体的建议，旨在通过课程内容的调整、教学方法的创新以及对教师继续教育的加强来优化教师培养体系。

对这一问题的深入探讨旨在为教育决策者、课程设计师以及教育培训机构提供有力的数据支持和实践指导，以便调整和优化职前全科教师的培养体系。通过这样的优化，未来的教师将更加充分地准备好应对小学英语教学的挑战，为学生提供更高质量的英语教育，从而培养出更具国际视野和语言能力的下一代。

2. 教学方法探讨

本研究着重分析了各种教学方法对于提升小学生英语学习成效的潜在影响，以及这些方法在职前全科教师培训中的应用。本研究的目标是识别出那些既能激发学生兴趣、又能有效促进语言技能发展的创新教学策略，并探讨如何将这些策略融入职前教师的培养计划中。

在众多教学方法中，本研究特别关注于那些强调学生主动参与和实践的方法，如项目式学习（PBL）、任务型学习（TBLT）以及基于游戏的学习（GBL）。这些方法通过提供真实或模拟的语言使用情境，鼓励学生主动探索和使用英语，从而在实际语言应用中提高他们的语言技能。

本研究还考察了教师如何利用多媒体和信息技术资源来丰富教学内容，包括在线教育平台、教育应用程序以及社交媒体工具等。这些技术不仅能够增加教学的互动性和趣味性，还能够提供更多样化的学习资源，帮助学生在多种情境下练习英语。

为了使职前全科教师能够掌握这些教学方法，本研究探讨了在教师培养过程中整合专业发展工作坊、模拟教学环节以及反思实践活动的重要性。通过这样的整合，未来的教师可以在培训期间就接触并实践这些方法，从而在他们正式进入教学岗位前，就已经具备使用这些策略来优化教学并提高学生学习成效的能力。

总之，本研究旨在通过探索和分析全科教师视角下高效的教学方法及其在职前教师培训中的应用，为未来的小学英语教学提供指导和启示。这不仅有助于提升职前全科教师的教学能力，也将最终促进小学生英语提升。

3. 挑战与对策

在深入研究职前全科教师在小学英语教学过程中遇到的挑战及其有效应对策略时，本研究特别关注了几个关键领域。职前教师可能因为缺乏实际教学经验而不自信，特别是在处理课堂管理、适应学生多样化学习需求以及运用创新教学技术方面。此外，他们可能在制定符合学生兴趣和需求的教学内容和活动方面遇到困难，这些都是教学过程中常见的挑战。

为了帮助职前全科教师有效应对这些挑战，本研究提出了一系列具体的解决方案。

首先，加强实践教学环节，如通过校内外的实习、教学模拟和与经验丰富的教师的合作教学，可以让职前教师在进入真实教学环境之前，积累宝贵的实践经验和自信心。

其次，通过定期的专业发展研讨会和工作坊，职前教师可以不断更新自己的教育技能和知识，特别是在学习新的教学技术和策略方面。

再次，鼓励职前教师进行反思性实践也是提高教学能力的关键策略之一。通过定期反思教学实践，职前教师可以识别和分析自己在教学过程中遇到的问题，从而找到改进的方法。这种反思性实践不仅可以增强他们的问题解决能力，也能够促进个人职业成长。

最后，建立一个支持性的教师社区对于职前全科教师来说至关重要。通过与同行的交流和分享，他们可以获得宝贵的建议，从而更好地应对教学中的挑战。此外，教育机构和政策制定者也应提供必要的资源和支持，如专业发展机会、教学资源和技术支持，以确保职前全科教师能够得到充分的准备，成功应对小学英语教学中的各种挑战。

通过这些策略的实施，为职前全科教师提供一个全面的支持体系，帮助他们克服小学英语教学过程中的挑战，从而提高教学质量和学生的学习成效。

本研究对以上问题的探讨，旨在为小学英语教育领域提供深刻的见解和实用的解决方案，促进职前全科教师的有效培养，从而提升小学英语教学的质量和效果。

第三节　研究范围与方法

一、研究范围

本研究旨在全面探索职前全科教师背景下的小学英语教学与教师培养，包括四个方面：教师培养体系、教学方法与策略、挑战与解决策略，以及政策与专业发展。通过这些方面的细致探讨，本研究旨在为提高小学英语教学质量提供科学依据和实践指导。

（一）教师培养体系

首先，本研究深入分析了现行的职前全科教师培养体系，包括其结构、培养内容，以及对教师英语教学技能培养的效果。这一部分将评估培养体系是否全面覆盖了小学英语教学所需的核心能力，包括语言知识、文化敏感性、教学设计能力等，以及这些培养方案如何帮助未来教师面对教学中的各种情况。

（二）教学方法与策略

探讨有效的小学英语教学方法和策略，以及这些方法和策略如何被职前全科教师掌握。本部分旨在识别那些能够提升学习成效、激发学生学习兴趣，并适应不同学习风格和需求的创新教学法。同时，分析这些教学方法在职前教师培训课程中的应用情况，以及如何进一步优化培训课程以强化这些教学技能。

（三）挑战与解决策略

识别职前全科教师在小学英语教学中可能遇到的主要挑战，并探讨应对这些挑战的有效策略。这包括了如何管理多元化的课堂、如何应对学生学习英语的不同能力和兴趣差异，以及如何使用技术和其他资源来增强教学效果。通过深入分析，提出了一系列基于实证的解决方案，旨在帮助职前教师克服这些挑战。

（四）政策支持与专业发展

本研究评估了当前教育政策如何支持职前全科教师的专业发展，特别是在小学英语教学领域。这涉及分析政策如何影响教师培训课程的设计、教师持续教育的机会，以及提供职业发展资源和支持的有效性。此外，探讨了如何通过政策改进来进一步增强职前教师的专业成长和教学质量。

上述领域的综合研究旨在提供一个全面的视角，以理解并改进职前全科教师在小学英语教学中的准备和实践，最终促进小学英语教学质量的提升。

二、研究方法

为了全面深入地探索职前全科教师在小学英语教学和培养方面的实践和挑战，本研究采用了多种研究方法，包括文献综述、定性研究和定量研究，以确保从不同角度和层面对研究主题进行深入分析和理解。

（一）文献综述

作为研究的起点，通过广泛阅读国内外相关的研究文献，我们全面了解了职前全科教师的培养体系、小学英语教学的方法以及相关政策的现状和发展趋势。这一阶段的目的是建立研究的理论基础，以及确定当前研究中的空白点或争议点。

（二）定性研究

定性研究部分旨在深入了解当前国内外研究现状、职前全科教师、教育专家和政策制定者的个人见解、经验和感受，以获得更为丰富和深刻的洞见。

访谈：通过对当前和前职前全科教师、教育专家和政策制定者进行半结构化访谈，深入探讨了他们对教师培养和小学英语教学的看法，以及他们认为的最佳实践和面临的主要挑战。

案例研究：选取几个具有代表性的教师培养项目和小学英语教学案例，进行了详细分析。这些案例研究帮助本研究揭示了成功的教育实践和策略，同时也分析了实施过程中遇到的问题和挑战。

（三）定量研究

定量研究通过问卷调查和数据分析，为研究提供了可量化的证据，支持或反驳研究假设。

问卷调查：本研究设计了问卷，旨在广泛收集职前全科教师对于他们培养体系、教学方法以及政策支持的看法和需求。问卷调查覆盖了广泛的参与者，以确保数据的代表性和可靠性。

数据分析：收集到的数据通过使用统计软件进行了详细分析，通过这一过程识别重要的模式和趋势，验证研究假设，从而为研究结论提供坚实的数据支持。

通过这一系列综合的研究方法，全面探索职前全科教师背景下的小学英语教学与教师培养，为相关领域的研究和实践提供深刻洞见和具体建议。

第二章　全科教师与小学英语教学现状

第一节　全科教师在小学教育中的作用

一、背景

在全球化的社会背景下，教育领域正经历着前所未有的变革。特别是在小学教育体系中，全科教师的作用日益凸显，成为教育改革和学生全面发展的关键力量。全科教师，不同于专注单一学科的教师，他们负责教授多个学科。这要求他们不仅具备广泛的学科知识，还应掌握有效的教育技巧，以应对教学过程中的各种挑战。

全科教师在小学教育中承担着多重职责，而不仅仅是传授知识的使者。他们还需要为学生提供情感支持，能够识别并满足学生的个性化学习需求，为学生提供一个安全、包容的学习环境。在教授英语等学科时，全科教师通过创新的教学方法激发学生的学习兴趣，培养学生的批判性思维和解决问题的能力，同时也强化学生的跨文化交际技能，为他们将来做好准备。因此，全科教师远远超出了传统教育模式下的界定，他们是引导学生实现个人成长的关键。

综上所述，全科教师在当前小学教育体系中扮演着至关重要的角色。他们的工作不仅是教授学科知识，更重要的是引领学生发现自我、激发潜能，并为未来的挑战做好准备。随着教育需求的不断发展和变化，全科教师的培养和专业发展也应得到更多的关注和支持，以确保他们能够有效履行其在小学教育中的多重职责。

二、全科教师的培养内容

全科教师在小学教育体系中扮演着极其重要的角色，他们打破了传统教育体系中对于学科间严格划分的局面，提供了一种更为全面和综合的教学模式。与专注于单一学科的专科教师不同，全科教师的工作范围覆盖了小学阶段学生所需学习的多个基础学科，包括语文、数学、英语、自然科学等。这种跨学科的教学不仅需要教师在各学科上具有深厚的知识储备，更要求他们能够将不同学科的知识融会贯通，创造性地进行教学设计和实践。

全科教师的存在对于小学生来说具有无可替代的价值。通过跨学科的教学方法，全科教师能够引导学生看到不同学科之间的内在联系，促进学生的整体认知发展。例如，通过将数学与自然科学的教学内容相结合，教师可以帮助学生理解数学在解决实际科学问题中的应用，从而增强学生对所学知识的兴趣和理解深度。此外，全科教师还能通过综合教学方法，如项目式学习，鼓励学生将不同学科的知识融合应用于解决复杂的问题，这不仅提升了学生的学习效率，还培养了他们的批判性思维和创新能力。

在全科教学模式下，要求教师与学生之间的互动更频繁和深入，这有助于教师更好地了解每个学生的学习需求和兴趣点，从而进行更为个性化的教学设计。全科教师因此成为学生学习中的重要引导者和支持者，他们不仅传授知识，更重要的是激发学生对学习的热情，帮助他们建立自信，为未来的学习和生活奠定坚实的基础。

综上所述，全科教师在小学教育中的重要性不容忽视。他们通过跨学科教学为学生提供了一个全面的学习体验，不仅加深了学生对单一学科知识的理解，更重要的是促进了学生综合素质的提升，为学生未来的全面发展打下了坚实的基础。

1. 教学理论

全科教师，也就是那些教授多个科目的教师，通常需要通过师范教育或教育学相关的本科或研究生学位的学习路径，为他们未来的教学生涯作准备。这一教育路径不仅仅是学习特定学科的知识那么简单，它还包括了一系列的教育理论、心理学知识、课程设计以及教学方法的综合训练。

在师范教育或教育学课程中，全科教师需要掌握教育理论基础。这些理论帮助他们理解学生学习过程中的各种因素，比如学习动机、认知发展以及学生多样性的影响。同时，通过学习心理学，未来的教师们能够更好地理解学生的心理特点和需求，包括发展心理学、学习心理学和社会心理学等领域的知识，这对于设计针对不同学生群体的教学计划至关重要。

2. 课程设计与教学方法

课程设计和教学方法的培训则是另一重要环节，教师候选人学习如何根据学生的需要和学习目标来设计课程。他们被教授如何创造包容性的课堂环境，选择和使用不同的教学资源和技术，以及如何评估学生的学习成果。此外，教学方法的学习也涵盖了如何有效地管理课堂、激发学生的学习兴趣和参与度，以及如何提升学生批判性思维和创新能力。

3. 实践经验

除了理论学习，实践经验在全科教师的教育过程中占据着至关重要的位置。这通常包括课堂教学实习、案例研究和教育实践活动等。通过实习，未来的教师们有机会在资深教师的指导下，将他们所学的理论知识应用到实际教学中，获得真实的教室管理和教学经验。案例研究和教育实践活动则提供了分析和反思教学实践的机会，帮助他们深化对教育理论和方法的理解，以及学习如何根据反馈调整和改进教学策略。

综上所述，全科教师的培养内容是一个多方面的、综合性的，旨在为他们提供必要的知识、技能和经验，以确保他们能够在多变的教育环境中成功地教授不同的学科，满足学生的多样化需求。通过这样的准备，全科教师被赋予了将理论知识与实际教学相结合的能力，为学生提供富有成效和启发性的学习经验。

三、全科教师需要具备的教学能力

1. 广泛的学科知识和教学技巧

全科教师需要掌握广泛的学科知识，以便在不同的学科中进行有效教学。这不仅要求他们具备各学科的基础知识，还要了解如何将这些知识与学生的实际经验和兴趣相结合。此外，掌握多样化的教学技巧，包括差异化教学、合作学习和项目基础学习等，能够帮助教师满足不同学习风格和能力水平学生的需求。

2. 优秀的沟通能力

优秀的沟通能力对于全科教师而言至关重要。这不仅包括与学生进行有效沟通的能力，也包括与家长、同事及教育行政人员的沟通。良好的沟通能力有助于建立积极的氛围，同时也是与家长建立信任和支持的基础。

3. 批判性思维和创新能力

在快速变化的教育环境中，批判性思维和创新能力对于识别和解决教学过程中出现的问题至关重要。全科教师需要能够批判性地评估教学方法和资源的有效性，创造性地设计课程和学习活动，以激发学生的兴趣并提高学生参与度。

4. 解决问题的能力

全科教师面临的挑战多种多样，从学生行为问题到课程设计的挑战，都需要教师具备高效的问题解决能力。这包括能够快速识别问题、分析原因、探索解决方案，并实施最合适的策略。

5. 组织和管理能力

有效的多学科课程管理要求全科教师具有出色的组织和管理能力。这不仅关乎课程内容的组织、教学资源的管理，也包括时间管理、课堂管理和评估活动的规划，以确保教学过程更顺畅和高效。

6. 情感智力

全科教师需要具备良好的情感智力，以理解和响应学生的情感需求。这意味着教师需要能够识别和管理自己的情绪，理解学生的感受，建立正向的师生关系，以及通过支持性的教学实践促进学生的情感发展。

总之，全科教师必备的基本技能涵盖了广泛的领域，这些技能共同工作，使教师能够在多样化和不断变化的教育环境中成功地指导和激励学生。通过不断发展这些技能，全科教师能够促进学生的全面发展。全科教师的角色和职责远比专科教师来得更为复杂和多样，这要求他们具备更加全面的教育背景和多样化的技能。通过全面的培训和持续的专业发展，全科教师能够有效地应对小学教育中的各种挑战，为学生提供良好的学习环境。

四、全科教师在小学教育中的多重角色

全科教师在小学教育中扮演着多重角色，他们不仅是知识的传递者，还是技

能培养者、情感支持者和生活指导者。这些角色共同构成了全科教师对学生全面发展的支持框架。

（一）知识的传递者

全科教师承担着在多个学科中传授基础知识的重要使命，不仅体现在他们需要具备广泛的学科知识，还要求他们精通如何将这些知识有效地传达给学生。在教学过程中，全科教师必须具备将复杂概念转化为易于理解形式的能力，使学生能够轻松吸收并运用所学知识。

为了实现这一目标，全科教师应采用多种教学方法和技巧，创造性地设计课程，以适应学生多样化的学习需求和兴趣。故事讲述是一种有效的方法，它通过叙事来构建知识框架，帮助学生在情感上连接所学内容，增强记忆。实验和探究式学习则鼓励学生通过实践操作和观察来学习科学和数学等学科的概念，这种方法能够使学生主动学习并思考。项目式学习是另一种关键策略，通过它，学生可以在解决现实世界问题的过程中应用跨学科知识，这不仅可提高学生解决问题的能力，还能激发他们的创造力和团队合作精神。这种学习方式的价值在于它提供了一个真实的学习场景，使学生能够看到学习内容与现实生活的直接联系，从而增强学习的意义和动力。

全科教师在采用这些教学方法时，必须考虑到学生的个别差异。每个学生都有独特的学习风格、兴趣点和能力水平，因此教师需要灵活调整教学策略，确保每位学生都能从课程中获益。

在教学过程中，全科教师还承担着持续评估和反馈的责任，通过观察学生的参与度、理解程度等情况来调整教学计划。这不仅确保了教学活动的有效性，还体现了教师对每个学生学习成功的承诺。

综上所述，全科教师在传授多学科基础知识的过程中扮演着至关重要的角色。他们通过采用创新的教学方法和技巧，以及不断调整教学策略来满足学生多样化的需求，从而激发学生的学习兴趣和好奇心，为学生的全面发展奠定坚实的基础。

（二）技能培养者

除了传递学科知识的基本职责外，全科教师在培养学生的关键技能方面扮演着至关重要的角色。这些技能包括批判性思维、解决问题的能力以及跨学科技能。在动态变化的现代社会中，单纯的知识记忆不足以应对未来的挑战，学生需要具备分析、评估、创造解决方案的能力，以及将知识跨学科应用的灵活性。为了培养这些技能，全科教师需要采用一系列创新的教学方法和活动。通过小组讨论，鼓励学生分享自己的观点，倾听他人的想法，培养学生的批判性思维和沟通技能。这种互动式学习环境促使学生不仅仅是被动接受知识，而是通过讨论和辩论，主动学习知识。

案例研究为学生提供了识别问题、深入分析问题、提出解决方案的机会。通过研究真实世界的案例，学生能够将理论知识与实际情境相结合，从而增强他们解决复杂问题的能力。

项目工作则是跨学科技能培养的重要途径。在项目工作中，学生需要综合运用不同学科的知识和技能，以创造性地解决问题。这种方法不仅促进了学生在科学、数学、语言艺术等领域的学习，还激发了他们的创新思维和团队合作能力。通过这样的实践活动，学生学会了如何规划和执行复杂的项目，如何进行团队合作与沟通。

这种以学生为中心的教学方法，通过激励学生主动思考、提问和探索，不仅可加深他们对学科知识的理解，更重要的是培养他们的批判性思维、解决问题的能力以及运用跨学科知识技能。全科教师通过这些教学活动的设计和实施，为学生提供一个富有挑战性和参与感的学习环境，帮助学生学会如何独立思考，解决现实生活中的问题，以及如何在不同的学科之间建立联系和应用知识。这样的教育不仅为学生的学术成就打下坚实的基础，更为他们未来的生活和职业发展提供了必要的技能和能力。

（三）情感支持者

全科教师在提供情感支持和促进学生自信心建立方面扮演着一个极为关键的角色。在教育的过程中，教师与学生之间的日常互动和各种教学活动为学生的情感需求提供了滋养的土壤。这些互动使得全科教师能够深刻地理解学生的个性化需求，从而提供针对性的鼓励和支持，这对于学生在校园生活中的情感健康和社交能力的发展至关重要。

通过创造一个安全、支持和包容的课堂环境，全科教师帮助学生建立起归属感，感受在学习旅程中他们并不是孤单一人。这样的环境让学生感到自己被接纳和尊重，无论是在学习能力还是个人背景上，都能获得平等的待遇。这种感受对于学生的自我价值感和自信心的发展极为重要。

全科教师通过识别和表扬学生的努力和进步，能够激发学生内心的动力，鼓励他们面对并克服学习过程中遇到的困难和挑战。这种正面的反馈机制不仅增强了学生解决问题的能力，也提高了他们面对失败和挑战时的韧性。这样的教育实践有助于学生认识到，每一次的努力和尝试都是成长的一部分，即使面临失败也能从中学习和成长。

除此之外，全科教师还通过开展情感教育活动和讨论，引导学生了解并表达自己的情感，学习如何处理人际关系中的冲突，这对于学生建立健康的社交关系至关重要。教师还教授学生如何认识和管理自己的情绪，这是发展情感智力的关键步骤，也是学生实现个人幸福和职业成功的重要基石。

综上所述，全科教师在提供情感支持和促进学生自信心建立方面发挥着重要作用。通过日常的互动、教学活动以及创造一个充满支持和包容的学习环境，教师为学生的情感发展、社交能力和自信心的建立提供了坚实的基础。这些努力对于学生在学术和个人发展方面的成功具有深远的影响，为他们将来的生活和职业道路奠定了坚实的基础。

（四）生活指导者

全科教师在塑造学生个人品质和社会技能方面发挥着极为重要的作用，他们不仅是知识的传递者，更是学生生活技能发展的引导者。在现代教育中，培养学生的全人发展已成为一项基本任务，这不仅包括学习知识，还包括养成良好的生活习惯和学会必要的社会技能。全科教师通过系统的教育方法，教授学生如何有效管理时间、自我照顾、在团队中合作以及在社交场合中适当交往。

1. 时间管理与自我照顾

全科教师通过设计教学活动和作业，引导学生学习如何合理安排时间，优先处理重要任务，以及如何在紧张的学习生活中找到休息和放松的时间。此外，教师还着重于教授学生日常的自我照顾技能，包括健康饮食、适量运动和良好的个人卫生习惯，这些都是学生独立生活的基础。

2. 团队合作与社会交往

在日常的课堂管理中，全科教师通过组织小组合作项目和团队活动，不仅让学生在学习知识的同时，还能在实践中学习如何与他人有效沟通、共同解决问题。这样的活动帮助学生认识到团队合作的重要性，学会倾听、尊重他人的观点，并在团队中发挥自己的作用。此外，通过角色扮演、辩论和公开演讲等教学活动，学生可以在安全的环境中练习社交技能，如公众演讲、自我表达和情绪管理，这些技能对于他们未来在适应社会并取得成功至关重要。

3. 培养同情心与责任感

全科教师还注重培养学生的同情心和责任感。通过社会服务项目和学校社区活动，学生有机会参与到帮助他人和服务社区的实践中，从而学会关心他人、理解社会责任，并实践积极的公民身份。这样的经历不仅丰富了学生的人生经验，也促进了他们情感的成熟和人格的全面发展。

综上所述，全科教师在引导学生形成良好生活习惯和社会技能方面承担着重要责任。通过日常的课堂管理和精心设计的教学活动，全科教师帮助学生成为负责任、独立和富有同情心的个体。这不仅有助于学生的个人成长，还为他们将来在社会中的成功打下了坚实的基础。

全科教师在小学教育中的角色多样且复杂，他们对学生的学术成就和个人发展都有着深远的影响。通过在这些不同角色中的有效扮演，全科教师为学生提供了一个全面发展的学习环境，既促进了学生知识的增长，也支持了他们技能的发展和情感的成熟。

五、全科教师对小学生学习成效的影响

全科教师在小学教育中扮演着重要的角色，不仅体现在提高学生的学业成绩上，更重要的是在激发学生的学习兴趣和促进其全面发展。全科教师通过采用多样化的教学方法和个性化的教学策略，能够有效地满足学生多样化的学习需求，为学生的长远发展奠定坚实的基础。

（一）提高学业成绩

全科教师不仅负责传授学科知识，更通过各种教学策略和活动，促进学生的全面发展。精心设计的课程和教学活动是全科教师确保学生能够掌握各知识的关键手段。通过引入互动式学习、合作学习以及差异化教学，全科教师为学生创造了一个丰富多彩、充满挑战的学习环境，这种环境不仅激发了学生的学习兴趣，

更有效地提高了学生的学业成绩。

1. 互动式学习

互动式学习通过让学生参与到课堂讨论、问题解决等活动中，使学生的学习过程变得更加生动。这种学习方式鼓励学生主动提出问题，与同学和教师互动，从而深化对学科概念的理解。此外，互动式学习还能够增强学生的社交技能，让他们在交流和合作中学习如何有效地表达自己的观点。

2. 合作学习

合作学习是通过小组合作项目，让学生在团队中共同工作，解决问题或完成任务。这种方法不仅促进了学生对学科知识的理解和应用，还锻炼了他们的团队协作能力和社交技能。在小组合作的过程中，学生学会了倾听他人的意见、尊重不同的观点，并共同寻找问题的解决方案。

3. 差异化教学

差异化教学策略则是全科教师根据学生的不同能力、学习风格和兴趣来调整教学内容、过程和产品的一种方法。差异化教学通过提供不同层次的任务、调整教学速度或提供不同形式的教学材料，满足不同学生的学习需求。

例如，在小组合作项目中，学生不仅能够加深对学科内容的理解，还能通过同伴之间的讨论和合作，增强解决问题的能力。这种学习模式不仅促进了学生在认知层面的成长，也在情感和社交层面产生了积极的影响。学生在这样的学习环境中，不仅学习到了知识，还发展了解决问题、团队合作和社交等综合能力。

综上所述，全科教师通过采用互动式学习、合作学习和差异化教学等多元化教学策略，极大地丰富了学习环境，并提高了学生解决问题的能力。这些策略不仅让学生在学习上取得进步，更在培养学生成为终身学习者和负责任的社会成员方面发挥了重要作用。

（二）激发学习兴趣

全科教师在促进小学生积极学习态度和兴趣培养方面扮演着核心角色。他们深知学习兴趣的重要性，以及它对学生未来学习和个人成长的影响。为此，全科教师致力于将教学内容与学生的个人兴趣以及他们的日常生活相连接，这样的教学策略不仅让学习内容变得更加贴近学生的实际生活，也使得学习过程更有意义。

1. 与学生兴趣和日常生活的联系

通过将学习内容与学生的兴趣和日常生活相结合，全科教师使学生能够更容易理解和吸收新知识。例如，通过引入学生喜欢的动漫角色来解释数学问题，或者利用周围环境和社区资源作为科学课的教学材料，这些方法都能够激发学生的学习热情，使他们更投入。

2. 游戏化学习与项目式学习

游戏化学习和项目式学习是两种极具吸引力的教学方法，它们通过让学习过程变得像游戏一样有趣，或者通过完成具有实际意义的项目来提高学生的参与度。游戏化学习利用学生对游戏的兴趣，通过竞赛、积分系统和虚拟奖励等方式，增加学习的互动性和趣味性。而项目式学习则鼓励学生主动探索和解决现实世界中的问题，通过实践活动深化对学科知识的理解和应用。

3. 建立持续学习和探索的习惯

合适的教学方法不仅能在当下激发了学生对学习的兴趣，更重要的是，它们帮助学生建立了持续学习的行为和探索精神，这对他们未来的学习和生活都具有长远的意义。全科教师通过培养学生的好奇心和创新精神，为学生终身学习奠定了坚实的基础。

（三）促进学生全面发展

在当前教育环境下，全科教师的角色已经远远超出了传统的教学职责。他们不仅教授书本知识，还致力于培养学生的综合素质和能力。

1. 学习表现

全科教师通过多元化的教学方法和资源，为学生提供了丰富的学习机会。他们通过观察学生的学习风格和评估学生的需求，设计出适应学生的教学计划，旨在提高学生的学习表现。同时，教师们也重视学生个性的培养，鼓励学生探索自我，发现并展示自己的独特天赋和兴趣。

2. 情感与社会技能的培养

在情感支持方面，全科教师通过建立正面、良好的师生关系，为学生提供必要的情感依托，使其认识到情感稳定对学习的重要性，并通过日常互动，帮助学生学会如何表达和管理自己的情感。此外，教师还重视学生社会技能的发展，通过小组活动等方式培养学生的社交技能和团队合作能力。

3. 批判性思维与创新能力培养

全科教师通过各种教学策略激发学生的好奇心和探索欲。他们鼓励学生提出问题、进行探究和实验，以此培养学生分析问题和解决问题的能力。通过项目学习、实践活动等，教师还能帮助学生将理论知识与实际应用相结合，培养学生的创新思维。

4. 团队合作与领导力培养

全科教师通过设计团队项目和合作学习活动，促进学生之间的协作和交流。在这些活动中，学生不仅能学会如何与他人合作，还能在实践中培养领导能力。教师鼓励学生在小组内担任不同的角色，从而培养学生的责任感和领导才能。

5. 自信心的建立

通过日常的正面反馈和鼓励，全科教师帮助学生建立起自信心。他们重视每个学生的进步和成就，并给予学生认可和奖励。教师还鼓励学生面对挑战和失败，看待这些经历作为成长和学习的机会。这样的教育理念不仅帮助学生在学习上取得进步，更重要的是促进了他们健康的心理发展。

总的来说，全科教师通过全面、多维度的教学和指导，为学生的全面发展奠定了坚实的基础。他们的工作不仅影响学生的当下，更对学生的未来发展产生深远的影响。

（四）个性化教学满足不同学习需求

全科教师通过采用个性化教学策略，适应不同学生的多样化学习需求，从而提升教学效果和学生的学习体验。

1. 识别学生的个性化需求

全科教师首先通过观察、问卷调查和一对一会谈等方式，评估不同学生的学习风格、兴趣爱好和能力水平。这种深入的个人了解为设计个性化学习计划提供了坚实的基础。教师会发现，有的学生可能更适合视觉学习，而另一些学生则可能通过听觉或动手实践来更好地吸收知识。

2. 设计个性化学习计划

基于对学生个性化需求的理解，全科教师会设计一系列符合不同学生需求的学习计划和活动。这包括调整教学内容的难易程度，采用不同的教学方法（如视觉、听觉、动手操作），以及设置个性化的学习目标。这种方法确保每个学生都能在最适合自己的节奏和方式中进行学习。

3. 最大化挖掘学习潜能

通过个性化的教学方法，全科教师能够最大化挖掘每个学生的学习潜能。学生得以在自己最适合的学习环境中进行探索和发展，这不仅提高了学生的学习效率，还增强了学生的自信心和学习动力。学生因为得到了适合自己的教育支持，更容易达到甚至超越预期的学习目标。

4. 定期反馈与教学调整

全科教师通过定期评估机制来监控学生的学习进程和效果，这包括作业评分、测试、学生自评以及师生之间的反馈对话等。基于这些反馈，教师会及时调整教学策略和内容，以确保教学方法能够适应学生的发展和需求的变化。这种灵活的教学模式有助于持续优化教学内容，促进学生的长期成长。

5. 综合益处

采用个性化教学策略，全科教师不仅优化了学习效果，还对学生的整体发展产生了积极影响。学生在学习过程中获得的个性化关注和支持，不仅提升了他们的学习成绩，还有助于培养他们解决问题的能力、创造力以及自我驱动的学习习惯。此外，这种教学方法还鼓励学生发展社交技能和团队合作能力，为他们未来的成功奠定基础。

综上所述，全科教师在小学教育中的作用不容忽视，他们通过提高学生的学业成绩、激发学生学习兴趣、促进学生全面发展以及实施个性化教学，对学生的成长和发展产生影响。

第二节　小学英语教学的特点与挑战

小学阶段的学生正处于认知发展和语言学习的关键时期，他们对新知识充满好奇，学习能力强，尤其是语言模仿能力突出。英语教学的目的就在于利用这一时期的优势，通过各种有效的教学方法和策略，培养学生对英语学习的兴趣，提高他们的英语听、说、读、写能力，同时让他们了解并欣赏不同的文化，促进其全面发展。

对于职前全职教师而言，深入了解小学英语教学的特点与挑战，是其职业发展的重要一环。随着教育理念的不断更新和教学技术的快速发展，小学英语教育面临着越来越多的新挑战。如何在有限的教学资源下创造性地开展教学活动，如何针对不同学习风格和需求的学生制定有效的教学计划，以及如何激发学生的学习动机和兴趣，都是职前教师需要深入研究和掌握的关键问题。

一、小学英语教学的特点

小学阶段的英语教学具有其独特的特点，这些特点不仅体现在学生的特性上，也反映在教学内容和方法的选择上。深入了解这些特点，对于设计有效的教学计划和活动至关重要。

（一）学生特点

小学生正处于认知发展的关键阶段，这一时期的学生表现出对世界的强烈好奇心，以及对新事物的广泛兴趣。这种年龄学生特有的好奇心和探索欲为英语教学提供了极为有利的条件。在这个阶段，学生的语言学习能力特别强，他们能够迅速通过听觉和视觉等多种感官途径吸收和模仿新的语言知识。这一能力的高效性意味着，如果给予适当的指导和资源，学生可以在短时间内学习并掌握相当数量的英语词汇和表达方式。

小学生的学习动机很大程度上与他们的年龄和心理特点相符。与中学生和成人学习者相比，小学生更倾向于通过游戏和互动活动来学习。这是因为这种年龄段的学生将学习视为一种游戏和乐趣，而不仅仅是一种责任或义务。通过设计富有趣味性和互动性的学习活动，如角色扮演、歌唱以及通过游戏形式进行的词汇和语法练习，可以极大地提高学生的学习效率。这种方式不仅能够促进学生积极参与学习过程，还能够在不知不觉中增强他们的语言技能。

更重要的是，游戏化学习能够在学生中建立起积极的学习氛围，让他们在享受乐趣的同时，对学习英语产生持续的兴趣和动力。通过游戏和活动，学生不仅能够学习英语，还能够发展其团队合作能力、社交技能以及解决问题的能力。因此，将游戏融入教学，不仅对提高英语学习效果有益，还对学生的全面发展有重要意义。

（二）教学内容

在小学英语教学中，教学内容的设计十分重要。有效的教学内容能够打好学生英语学习的基础，同时能够激发他们的兴趣和动力，确保学习过程既高效又愉快。

1. 基础词汇与简单句型

教学内容的核心集中在基础词汇和简单句型的学习上，这是因为掌握这些基础知识是学生进行更高阶英语学习的前提。通过精心挑选的词汇和句型，学生可以逐步建立起自己的英语语言体系，为日后的学习打下坚实的基础。这些基础知识不仅涵盖了日常生活中的常用表达，还涉及能够帮助学生进行基本交流的语句结构。通过重复练习和应用，学生能够逐步理解和掌握这些基础知识，这种理解和掌握过程对于学生而言既不会过于复杂，也不会使学生感到枯燥无味。

2. 引入英语国家的文化知识

小学英语教学还特别强调将英语国家的文化知识融入教学内容中。这一做法不仅有助于学生更全面地了解英语这一语言背后的文化背景，还能够激发学生的学习兴趣，增强他们的跨文化交流能力。通过介绍英语国家的历史、传统节日、习俗以及日常生活方式等内容，学生可以获得更加丰富和多元的知识体验。这种文化知识的学习不仅能够拓宽学生的视野，还能让他们对英语学习产生更深的情感联结，从而提升学习的动力和热情。

将文化知识融入教学内容的做法还有助于学生建立起对不同文化的尊重和理解，这对于培养学生成为具有全球视野的公民尤为重要。

（三）教学方法

在小学英语教学过程中，采用合适的教学方法对于激发学生的学习兴趣、提高学习效率至关重要。特别是对于小学阶段的学生，选择能够激发其参与感和互动性的教学活动尤为关键。

1. 互动性强的活动

小学英语教学应注重互动性的活动，如采取歌曲、游戏和角色扮演形式，不仅能有效吸引学生的注意力，还能在轻松愉悦的氛围中促进学生的语言表达能力。例如，通过唱英文歌曲，学生可以在愉悦的情绪中学习到新的词汇和语句；通过参与英语游戏，学生能够在实践中应用英语，加深理解和记忆；通过角色扮演，学生能在模拟真实生活情境中提高口语表达能力和听力理解能力。这些活动通过提供寓教于乐的学习体验，极大地提高了学生的学习动力和参与度。

2. 视觉与听觉辅助工具的使用

现代教学中，小学英语教学应利用视觉与听觉辅助工具，如多媒体教学资源，成为提高教学效果的有效方法。这些辅助工具能够提供更加直观、生动的学习材料，极大地帮助学生理解和记忆英语知识。多媒体教学不仅可以通过视频、动画等形式呈现生动的教学内容，通过互动激发学生的学习兴趣。

3. 整体教学策略

小学英语教学还要求教师充分考虑学生的认知发展阶段和心理特点，通过选择适合其年龄阶段的教学内容和方法，为学生提供一个既有效又愉悦的学习环境。通过整合互动性强的活动和现代化的教学工具，教师能够在课堂上创造出富有活力和创造性的学习氛围，不仅能够提升学生的英语语言技能，还能够培养其对英语学习的长期兴趣和热爱。

总而言之，通过这些教学方法的应用，小学英语教学不仅关注于语言知识的传授，更重视学生能力的培养、兴趣的激发以及对文化的理解和尊重，为学生的全面发展奠定坚实基础。

二、小学英语教学面临的典型问题与挑战

（一）教师层面的挑战

教师的专业素养是保证教学质量的关键因素之一，对于小学英语教学而言，教师的英语专业素养尤其重要。然而，目前在教师层面，尤其是职前全科教师中，普遍存在英语专业素养不足的问题。这种不足不仅体现在基础的语言技能，即听、说、读、写、译上，还涉及更为专业和细致的能力方面，如正确的语音和流畅自然的口语表达。

这些技能的欠缺无疑对小学英语的教学质量造成了直接的负面影响。比如，教师如果不能准确地把握和使用英语的基本语音语调，就难以为学生提供一个准确的语言学习模型。这种情况下，学生很可能会学到错误的语音语调，影响其长期的英语学习和使用。如果教师在口语表达上缺乏流畅性和自信，也会直接影响到教学的吸引力，减弱学生的学习兴趣和动力。

更重要的是，教师在英语听、说、读、写、译的基本技能上的不足，会导致他们在教授过程中遇到各种难题。例如，在听力教学中，如果教师自身难以准确理解英语听力材料，就无法有效指导学生；在写作教学中，如果教师不能正确运用英语语法和词汇，就难以教导学生。

这些问题的存在不仅影响教师的教学效果，更成为他们顺利从事小学英语教育的一大障碍。因此，提高职前全科教师的英语专业素养，特别是在语音、口语表达以及基本听、说、读、写、译技能上的能力，成为当前小学英语教育领域亟待解决的关键问题。只有通过系统的专业培训、持续的学习和实践，才能有效提升教师的英语教学能力，从而保证小学英语教学的质量和效果。

（二）学生层面的挑战

1. 学生不同的能力及偏好

在小学英语教育领域，学生间在学习速度和风格上的差异构成了一大挑战。作为英语学习的初学者，小学生的学习能力、接受速度以及对教学内容的偏好差异较大，这直接影响了全科教师的教学设计和实施。一方面，有的学生可能在视觉学习上更为敏感，能够快速通过图像、颜色等视觉元素吸收新知识；另一方面，学生则可能更偏好听觉学习，通过听故事、歌曲来理解和记忆英语单词和句型。此外，学习速度上的差异也非常明显，有的学生可以迅速掌握新知识，而另一些学生则需要更多的时间和练习。

这种差异要求教师在教学设计上具有高度的灵活性，能够根据不同学生的学习特点和需求，提供多样化的教学方法和材料。然而，这在实际教学过程中极具挑战性。首先，教师需要投入大量的时间和精力来了解每个学生的学习特点，这在人力和时间资源有限的情况下往往难以实现。其次，即便教师能够掌握这些信息，如何在有限的课堂时间内，调整教学策略来满足每个学生的个性化学习需求也是一个难题。例如，如何平衡视觉学习者和听觉学习者的需求，如何在教学中同时促进快速学习者的深入理解和慢速学习者的基本掌握，都是需要教师在实践中不断探索和解决的问题。

因此，面对学生学习速度和风格上的显著差异，教师需要采取灵活多变的教学方法，如分组教学、个性化学习计划等，来尽可能地满足不同学生的学习需求。同时，利用课后辅导、家庭作业以及利用科技工具进行个性化学习的补充，也是提高教学效果、应对学生差异化学习需求的有效策略。通过这些方法，教师可以在一定程度上弥补教学资源的限制，提升教学质量，提高每个学生的英语学习效果。

2. 初学者的语言障碍

在小学英语教育中，初学者面临的语言障碍构成了重大的教学挑战。这些障碍主要表现在词汇量有限、语法基础薄弱，以及缺乏足够的语言实践机会三个方面，它们共同作用，影响着学生的学习进程。

首先，词汇量的有限是小学英语学习者普遍面临的问题。对于英语初学者而言，词汇是构建语言知识体系的基石。然而，在学习的初期阶段，学生所掌握的英语词汇极为有限，这不仅限制了他们理解英语材料的能力，也影响了他们表达想法的能力。缺乏足够词汇量的支撑，学生在阅读理解、听力理解以及口头和书面表达上都会遇到困难。

其次，语法基础薄弱也是初学者常见的语言障碍之一。英语语法的规则和结构对于小学生来说相对复杂，学生在没有系统和有效的语法训练下，往往难以掌握正确的语言使用规则。这种语法基础的薄弱不仅影响学生正确理解和使用英语，也限制了他们进行更高层次语言技能发展的可能性。

最后，缺乏足够的语言实践机会进一步加剧了小学生的语言学习障碍。语言学习是一个需要大量实践和应用的过程，然而，在学校环境中，尤其是在非英语为母语的国家，学生往往难以获得充足的英语使用和实践机会。这种实践机会的缺乏限制了学生将所学知识应用于实际语境中的能力，从而影响了学习的效率和深度。

这些语言障碍直接影响了小学阶段英语学习者的学习积极性和效率。面对这些挑战，教师需要采取有效的教学策略，如通过丰富多样的教学活动增加词汇的接触和使用机会，系统性地强化语法教学，以及创造更多实际语言使用和实践的机会。通过这些方法，可以帮助学生克服初学阶段的语言障碍，提高他们的英语水平。

（三）教材和资源的挑战

1. 缺乏适龄和吸引人的教学材料

在小学英语教育领域，适宜的教学材料对学生学习十分重要。然而，当前市场上面临的一个显著问题是缺乏既符合小学生认知水平，又能够有效激发他们学习兴趣的英语教材。大多数现有的教学材料要么过于简化，缺乏足够的挑战性和教育价值，要么过于复杂，超出了小学生的理解范围，这种不匹配现象严重制约了小学生的英语学习效果。

教材的缺陷限制了教师的教学设计。首先，教师在准备和实施课程时，需要花费大量时间去寻找或自行创造更加合适的教学资源，这无疑增加了教师的工作负担，也可能因资源的质量参差不齐而影响教学质量。其次，由于教材的吸引力不足，教师在课堂上难以充分调动学生的学习积极性，这直接影响了学生的学习效率。

此外，适龄和吸引人的教学材料对于维持学生的长期学习兴趣至关重要。如果教材内容单一乏味或者与学生的实际生活相去甚远，学生很容易感到枯燥和疏远，从而对英语学习产生抵触情绪。相反，如果教材能够紧密结合学生的兴趣和生活，不仅可以使小学生的学习过程变得更加生动有趣，还能有效促进学生知识的吸收。

解决教学材料的问题需要教育出版机构、教师以及教育研究者的共同努力。出版机构应致力于开发更多符合小学生认知水平和兴趣的教材，同时注重教材的教育价值和趣味性的平衡；教师则应积极探索和利用各种资源，创造性地整合和改良现有教材，以满足学生的学习需求；教育研究者则应通过研究为教材的开发提供科学指导和支持。通过这些措施，可以有效提升教学材料的质量，为小学生创造一个更加丰富、有趣的英语学习环境。

2. 有限的教学资源

在当前的小学英语教育场景中，除了面临教材不足的问题之外，另一个挑战是教学资源的有限性。这个问题的表现形式多样，涉及教学硬件、软件资源。

首先，教学设备老旧是影响教学质量的一个关键因素。在许多学校，尤其是资源不足的地区，教室里缺乏现代化的教学设施，如智能黑板、多媒体播放设备等。这种设备的缺乏限制了教师采用更加生动、互动的教学方法，从而影响学生的学习兴趣和效率。

其次，教学软件和在线资源的缺乏也是一个不容忽视的问题。随着信息技术的发展，教学软件和在线学习平台已成为现代教育的重要组成部分。然而，由于经费、技术支持等多方面的限制，很多小学无法为学生提供足够的电脑软件和网络资源，使学生失去通过这些现代化工具进行英语学习和实践的机会。

面对教学资源的这些限制，教育部门和学校需要采取积极的措施来改善现状。这可能包括增加教育预算、更新和升级教学设备、引进和开发更多的教学软件及在线资源以及创造更多的语言学习环境和机会。此外，鼓励教师通过创新教学形式，如项目式学习、角色扮演等，来弥补硬件资源的不足，也是提高教学效果的有效途径。通过这些努力，可以为小学生创造一个更加丰富、有效的英语学习环境，提高他们的语言学习效果。

（四）教学方法的挑战

在小学英语教学领域，传统教学方法的局限性已经成为一个不容忽视的问题。这些方法往往依赖于教师的单向传授，过分强调对语法规则和词汇量的机械记忆，而没有充分考虑到小学生年龄特点和学习需求。这种教学方式不仅忽视了学生对于互动性和参与感的强烈需要，也未能有效激发学生的学习兴趣。

小学生处于一个充满好奇和喜爱探索的成长阶段，他们更倾向于通过游戏、故事、角色扮演等活动性学习方式来获得新知识。这些互动和参与性强的学习活动不仅可以增强学生的学习动力，还能促进学生之间的合作与交流，从而提高学习的有效性。然而，当传统教学方法未能提供足够的互动机会时，学生往往会感到枯燥无聊，学习积极性大大降低，从而影响到学习效率和最终的学习效果。

此外，传统教学方法中对语法和词汇的过度强调，往往使学生陷入被动学习的状态，缺乏对语言实际运用能力的培养。在这种教学模式下，学生可能会在考试中取得不错的成绩，但却难以在真实的语言使用环境中流畅地表达。这种脱离实际应用的语言学习方式，最终会限制学生英语能力的全面发展。

因此，为了更好地适应小学生的学习特点和需求，教育者需要寻求更加灵活多样的教学形式。这包括但不限于采用项目式学习、探究式学习、合作学习等现代教学形式，这些形式能够为学生提供更多实践操作的机会，鼓励学生主动学习知识和解决问题，从而提升他们的语言运用能力和创新思维。通过这种方式，不仅可以提高学生的英语学习效率，还能促进他们全面发展。

三、解决策略与建议

（一）针对学生层面的改进

在小学英语教学过程中，针对学生个体差异采取不同策略是提高教学效果的关键。

1. 实施分层教学，以适应不同学习速度

分层教学策略是基于认识到班级内每位学生的学习能力和进度都存在差异的事实。通过这种方法，教师首先需要对学生英语水平进行评估，了解他们的学习水平，然后根据评估结果将学生分为几个不同能力水平的小组。每个小组会根据其特定的需求接受定制化的教学计划和活动，从而确保每位学生都能在适合自己的节奏和水平下进行学习。这种个性化的教学方法不仅有助于提高学习效率，还能有效提升学生的学习信心和满意度。

2. 通过游戏化学习，提高学生兴趣

游戏化学习是将学习内容与游戏元素结合起来，以游戏的形式激发学生的学习兴趣和动力。这种方法利用了小学生的好奇心和对游戏的热爱，通过竞赛、挑战、角色扮演等游戏机制，让学生在参与和互动中学习英语。游戏化学习不仅能够提高学生的学习积极性，还能帮助他们在轻松的环境中更好地理解和记忆新知识。例如，通过英语单词拼写比赛或角色扮演游戏，学生可以在实践中加深对词汇和句型的理解和应用。

分层教学和游戏化学习，这两种针对学生层面的教学策略通过考虑学生的个体差异和学习兴趣，为小学英语教学提供了具有实效性的解决方案。实施这些策略，可以有效地提升学生的学习动力和参与度，从而促进他们英语能力的全面提升。

（二）教材和资源的改进

1. 开发和使用适龄、有趣的教学材料

在小学英语教学中，采用符合学生年龄特点且充满趣味的教学材料至关重要。这类材料应基于小学生的兴趣和认知水平进行设计，具体如下。

（1）丰富的视觉元素

通过生动的图片、色彩斑斓的图表和动画，吸引学生的视觉注意力，使学习过程更为生动有趣。例如，使用插图或动画来展示单词的意义，不仅能够增强学生记忆，还能激发学生的想象力。

（2）故事情节

故事是传递信息、教授语言的强大工具。通过有趣的故事情节，学生可以在情境中学习新单词和语法结构，同时提高语言理解和表达能力。例如，设计以动物或日常生活为主题的故事，让学生在故事中学习和练习英语。

（3）互动性

互动性教学材料能够让学生参与到学习过程中，通过游戏、角色扮演或在线测验等形式，提升学生的参与度和学习动力。例如，开发互动的电子书籍或使用教育软件，让学生在完成任务的同时学习英语。

2. 利用网络资源和应用程序

随着技术的发展，网络资源和教育应用程序成为英语教学的宝贵资源。互联网平台有大量免费和付费的英语学习资源，包括在线课程、视频教程、有声读物和互动游戏等。教师可以根据教学需要筛选和利用这些资源，为学生提供丰富多样的学习材料。通过教育类应用程序，学生可以在虚拟环境中进行语言实践，如通过模拟对话来练习日常交流，或通过在线游戏来学习新词汇。这些应用通常设计有不同等级，能够根据学生的学习进度提供适宜的挑战和反馈。网络资源和应用程序的使用，不仅能够丰富教师的教学形式，还能激励学生探索和自主学习。通过设置个性化的学习路径和目标，学生可以根据自己的兴趣和学习速度选择学习内容，增强学习的主动性和自信心。

3. 采用虚拟现实技术增强学习的沉浸性

采用虚拟现实（VR）技术在小学生英语学习中，可以极大地增强学生的沉浸感，创造一个生动、互动的学习环境，有效提升学生的英语语言技能和跨文化理解。以下是关于如何围绕小学生英语学习采用 VR 技术增强沉浸性的具体内容扩展。

（1）创建互动式语言学习环境

VR 技术可以模拟各种环境，如美国街景、英国博物馆或澳大利亚海滩等，让小学生沉浸式使用英语进行交流。这种模拟的现实环境不仅能够提升学生的语言学习兴趣，还能够增强他们使用英语进行实际交流的能力。学生可以通过与虚拟环境中的角色互动，进行购物、问路或参加各种社交活动，以此来练习听说读写各方面的英语技能。

（2）利用VR游戏进行语言学习

通过设计和使用专门的VR英语学习游戏，可以使学习过程更加生动有趣。这些游戏可以围绕词汇、语法、发音等英语学习的基础知识，通过完成游戏任务和挑战来激励学生学习。例如，一个虚拟现实的寻宝游戏，要求学生使用正确的英语指令来找到宝藏，这种方式不仅能够锻炼学生的英语口语，还能够提升他们解决问题的能力和团队协作能力。

（3）模拟跨文化交流场景

VR技术还可以模拟不同文化背景下的交流场景，帮助学生学习在跨文化的情境中使用英语进行有效沟通。例如，可以通过虚拟旅行体验让学生参与不同国家的学校、家庭或节日活动，与来自不同文化背景的虚拟角色互动，了解不同国家的风俗习惯和文化差异。这种跨文化交流的模拟不仅能够提高学生的英语沟通能力，还能够培养他们的全球意识和尊重多元文化的态度。

除了听、说、读、写技能培训外，VR技术还可以提供一个综合性的语言应用环境，让学生在完成任务或解决问题的过程中综合运用各种语言技能。例如，通过模拟一次国际会议或联合国儿童大会，让学生准备并进行英语演讲，这种情境不仅锻炼了学生的英语口语和公共演讲能力，也增强了他们的信息整合和逻辑表达能力。

通过采用虚拟现实技术，小学生的英语学习可以变得更加生动有趣。这种沉浸式学习方式不仅提高了学生的语言技能，也促进了他们跨文化交流能力的发展。

4. 应用人工智能技术

将人工智能（AI）技术应用于小学生英语教学，可以极大地丰富个性化学习体验，同时提高学生学习效率和效果。

（1）个性化学习体验

AI技术能够根据学生的学习能力、进度和偏好提供个性化的学习计划和资源。通过分析学生的学习行为和成绩，AI系统可以自动调整课程难度、推荐合适的学习材料或练习题，确保每个学生都能在适合自己的节奏中学习。这种个性化的学习方法有助于提高学生的学习动力和效率，使学生能够更有效地掌握英语知识。

（2）互动式语言学习

AI 技术还可以通过虚拟助手或聊天机器人等形式，让学生进行互动式语言学习。这些 AI 助手可以模拟真实的对话场景，与学生用英语进行交流，帮助学生练习英语听力和口语。通过交流和互动，使学生能够在真实情境中使用英语，并提高语言运用能力。

（3）自动化评估和反馈

AI 系统可以自动评估学生的作业和测验，并及时提供反馈信息。与传统的手动批改相比，AI 评估可以更加迅速、准确，为教师节省大量的时间和精力。此外，AI 系统还能够分析学生的错误类型和学习习惯，提供针对性的学习建议和辅导，帮助学生改进学习方法，提高学习成效。

（4）丰富的学习资源

AI 技术可以整合和提供丰富多样的学习资源，如互动视频、游戏、模拟测试等。这些资源不仅覆盖了听、说、读、写各方面的英语学习，还能够根据学生的实际需求进行推荐，确保学生能够获取最适合自己的学习材料。

总而言之，将适龄、有趣的教学材料和现代网络资源相结合，可以极大地提高小学英语教学的效果和效率。这不仅能够引起学生的兴趣，还能培养他们的语言能力和终身学习的能力。

（三）教学方法创新

在小学英语教学中，采用情景教学和任务型教学法是极其有效的策略。通过创建与学生日常生活相关的情景，如去超市购物、在餐馆点餐等，让学生在模拟日常情境中运用英语。这种方法不仅能够提高学生的语言实用能力，还能使学生理解语言在实际生活中的应用场景，从而加深对语言的理解和记忆。任务型教学法侧重于通过完成具体的任务来学习语言，如组织一次班级英语演讲比赛、完成一个英语项目报告等。这些任务要求学生在准备和执行过程中主动使用英语，有效提高了学生的沟通能力、团队协作能力以及解决问题的能力。

（四）教师素养和技能提升

1. 职前全科教师深度参与精品课建设

在教师职前培训过程中，积极引导他们参与精品课程的建设和实践，是提升其综合教学能力的有效途径。通过直接参与课程设计、教材开发和课堂教学实践，职前教师可以从实践中学习和掌握教学设计的基本理论与方法，同时提高课堂管理和学生互动的技能。鼓励职前教师在精品课程建设中融入创新元素，如使用新兴技术和教育工具，设计互动性和参与性强的教学活动，以此激发学生的学习兴趣和参与度。

2. 专项技能培训资源建设

针对英语教学的各项核心技能开发专项技能训练资源，是提升教师专业能力的关键。利用互联网技术，开发可在线访问的碎片化学习资源，如短视频教程、在线测验、互动式练习等，便于教师利用零散时间进行自主学习和技能提升。通过提供多样化的学习材料和平台，使教师能够根据个人需求灵活选择学习内容，从而实现个性化的学习模式。

3. 职前教师与一线教师的交流学习

建立交流和学习平台，促进职前教师与一线教师之间的互动。定期组织经验分享会和研讨活动，邀请一线教师分享他们的教学经验、课堂管理技巧以及如何与学生有效沟通的策略，为职前教师提供实战经验和灵感。安排职前教师定期观摩一线教师的课堂教学，通过观摩和反馈讨论，让职前教师学习先进的教学方法，理解教学理念的实际应用，并从中汲取教学灵感。

第三节　职前全科教师对小学英语教学的准备情况及专业发展策略提升

职前全科教师的教育和培训水平直接关系到其未来的教学质量。然而，由于教育课程的设计可能未能充分覆盖实际教学中所需的各项技能，或是实践机会的不足，职前教师在进入教育行业前可能未能准备好面对小学英语教学的挑战。这不仅限制了他们个人职业生涯的发展,也影响了小学英语教育的整体质量和效果。鉴于此,研究职前全科教师对小学英语教学的准备情况及其专业发展策略显得尤为重要。这不仅可以帮助教育者识别和解决存在的问题,提高职前教师的教学能力,也对整个教育系统的改进和学生的学习成果的提升产生深远影响。通过强调和促进职前全科教师在英语教学方面的专业发展,可以有效提升他们的教学技能,从而提高小学英语教育的整体质量。

一、职前全科教师对小学英语教学的准备情况

(一)基础知识

职前教师的英语语言基础对于其在小学英语教学中的表现至关重要。扎实的英语基础包括职前教师深厚的词汇量、对语法结构的准确理解、标准的发音以及对这些知识点在实际语境中的运用能力。良好的语言基础不仅使教师能够准确、清晰地传递教学内容,提升学生的英语水平。

此外,教师的语言能力直接影响到教学的质量和效果。如果教师能够熟练运用丰富的词汇和准确的语法结构,他们就能更有效地设计和实施教学活动,使课堂更加生动有趣,进而提高学生的学习兴趣和参与度。同时,准确无误的发音和正确的语言用法能够为学生提供一个标准的语言学习模板,避免学生学习过程中形成错误的语言习惯。

鉴于英语基础知识的重要性,对职前教师的英语能力进行全面评估显得尤为重要。这种评估不仅能帮助学校了解教师的英语教学能力,还能为教师本人提供改进和提高的方向。评估方法可以多样化,包括但不限于标准化的语言能力测试,这些测试能够客观地反映教师的语言水平;面试和口语测试,则可以评估教师的实际口语表达能力和语言即兴应用能力;模拟教学的环节,则能够更全面地考察教师将语言知识运用于教学实践中的能力。

通过这样的评估,不仅可以确保职前教师具备足够的英语教学基础,还能指导他们在哪些领域需要进一步加强,如加大词汇量的积累、提高语法运用的准确性、改善发音等,从而为其未来的英语教学工作打下坚实的基础。此外,定期的评估和反馈还能激励职前教师持续学习和自我完善,以适应教学工作中不断变化的需求。

（二）教学方法和技能

在当代教育理念中，以学生为中心和互动式教学的重要性日益凸显，这要求职前教师不仅需要掌握传统的教学方法，更需要熟悉和应用一系列现代教学方法和技能。这些现代教学方法，如情景教学、任务型学习、合作学习和游戏化学习等，旨在通过提供更加丰富多样的学习场景和活动，激发学生的学习兴趣，使学生主动参与，从而有效提高学生的语言实际运用能力和综合解决问题的能力。

情景教学通过模拟真实或想象的生活场景，使学生在具体的语境中学习和应用语言，增强了学习的实际应用性。任务型学习则通过设置具体的、有意义的任务，鼓励学生通过英语进行思考和沟通，完成任务过程中自然而然地提升语言技能。合作学习强调学生之间的交流和合作，通过小组讨论、合作项目等形式，培养学生的团队合作能力和社交技巧，同时加深学生对学习内容的理解。游戏化学习通过引入游戏元素，使学习过程变得更加轻松、有趣，提高学生的参与度和学习动力。

对职前教师而言，掌握这些教学方法和技能是满足小学英语教学需求的关键。因此，如何准备和应用这些现代教学方法成为评估职前教师教学能力的重要标准之一。职前教师通过参与教育工作坊、模拟教学和实习等形式的培训，不仅可以学习到这些教学方法的理论基础，更重要的是可以在教学环境中尝试和实践这些方法。这种实践机会不仅有助于职前教师深入理解各种教学方法的应用原理和操作技巧，还能够让他们体验和反思教学过程，从而调整和优化自己的教学设计和实施策略。

因此，教育机构和师范院校需要为职前教师提供充足的机会，让他们通过实践来熟悉和掌握这些现代教学方法。通过这样的培训和实践，职前教师能够更好地准备自己未来的教学工作，有效地提升教学质量，以满足现代小学英语教育的需求。

（三）课程内容和结构理解

对小学英语课程标准、教材内容和教学大纲的深入理解构成了职前教师有效教学的坚实基础。这种深入的理解超越了单纯的知识点讲授，它要求教师能够审视教学内容，根据教学目标组织和规划课堂活动，设计符合学生需求和课程目标的评估方法，以及如何通过各种教学策略促进学生的全面发展。

首先，职前教师需要掌握课程标准，这包括对学生在不同学习阶段应达到的英语语言能力的具体要求有全面的了解。这些标准通常涵盖听、说、读、写等多个方面，为教学活动的设计提供了明确的指向和目标。

其次，对教材内容的深入理解使教师能够有效地利用教材中的资源，将教学内容与学生的实际生活经验相结合，使学习更加生动、实际和有效。这不仅需要职前教师熟悉教材内容，还要求他们能够根据学生的具体情况和兴趣进行适当的调整和补充，以增加课程的吸引力和实用性。

最后，对教学大纲的理解则指导教师如何在整个学习周期内安排教学内容，确保教学活动既有系统性也有连贯性。这要求职前教师能够综合考虑学生的学习进度、教学资源的可用性以及学习目标的实现程度，灵活地规划和调整教学计划。

为了达到这些要求，职前教师应通过参加专业培训、教育研讨会和持续的自我学习，不断提升自己对课程标准、教材内容和教学大纲的理解。这种持续的学习和培训不仅可以帮助他们构建起对教学内容和方法的全面认知，还能够促进他们发展成为能够独立设计和实施有效教学活动的教育专家。通过这样的准备，职前教师将能够在将来的教学实践中更加自信地应对各种教学挑战，有效地促进学生的英语学习，确保每个学生都能在英语学习上取得显著的进步。

（四）教学资源的利用

如今信息技术的迅速发展已经极大地改变了传统教学模式，使得网络资源和教育软件等现代教育技术成为重要的教学工具。这些技术的应用为教学提供了更多资源。因此，对职前教师而言，掌握如何有效地寻找、评估和利用这些教学资源是必备的能力。

在线课程、教育应用程序、视频教材等资源为学生提供了灵活多样的学习方式，可以满足不同学习风格和需求的学生。职前教师需要了解这些资源的特点和优势，以便在教学设计时能够有效地整合这些资源，例如，利用在线课程为学生提供自主学习的机会，视频教材则可以帮助学生直观地理解复杂的概念，而教育应用程序则可以通过互动游戏或测试来加强学生对知识点的掌握。

然而，要有效地利用这些资源，职前教师不仅需要熟悉这些技术工具的基本操作，更重要的是要具备评估和筛选资源的能力。这包括能够根据教学目标和学生的实际情况，评估资源的适用性，识别和选择高质量的教学资源。此外，职前教师还需要根据学生的特点和学习需求，灵活地将这些资源融入教学中，实现个性化教学。

为了培养这些能力，职前教师应参与相关的培训和专业发展活动。通过这些活动，职前教师不仅可以学习到如何有效地使用现代教育技术，还可以了解最新的教育技术趋势和资源，不断提升自己的教学能力。

总之，随着教育技术的不断发展，职前教师应积极适应这一变化，掌握利用现代教育技术的能力，以充分利用网络资源和教育软件等现代教育技术，丰富教学手段，提高教学效率，更好地满足学生的学习需求和教学发展的需要。

（五）实践经验

实际的教学经验在职前教师的职业发展中扮演着至关重要的角色。通过多种形式的实践活动，如实习机会、观摩经验丰富教师的课堂，以及参与教学研讨会，职前教师可以积累实际教学中所需的宝贵经验。这些实践经验的积累，对于职前教师来说不仅是理论知识转化为实际操作能力的过程，更是职业素养提升的过程。

实习是职前教师获得实践经验的最直接方式。通过在学校的实习，职前教师可以在指导教师的监督下，亲自设计和执行教学计划，直接面对学生，进行课堂教学和管理。这一过程中，职前教师不仅能够实际开展教学活动，还能在实践中学习如何应对突发的教学情况，如何与学生有效沟通，以及如何调动学生的学习积极性。

观摩经验丰富的教师的课堂，是另一种重要的学习方式。通过观察优秀教师的教学风格、课堂管理技巧及与学生的互动方式，职前教师可以从中吸取宝贵的教学经验，了解成功教学的关键要素。

参与教学研讨会也是职前教师扩展教学视野的有效途径。这些研讨会通常邀请教育领域的专家学者或一线教师分享他们的教学经验、最新的教育理念和教学方法。通过这些交流和讨论，职前教师可以了解当前教育领域的热点问题和最新趋势，同时也是一个与其他教育工作者建立联系的好机会。

总而言之，通过实习、观摩和参与教学研讨会等多种方式，职前教师能够在真实的教学环境中应用理论知识，面对并解决实际教学中可能遇到的各种挑战，这些经验为他们未来的教学工作打下坚实的基础，使他们能够更加自信和有效地进行教学活动。职前全科教师对小学英语教学的准备涉及多个方面，从基础知识到教学技能，再到实践经验的积累，每一方面都是构建高质量英语教学的重要组成部分。通过系统的培训和准备，职前教师能够更好地适应教育工作的要求，有效地提升小学英语教学能力。

二、当前问题

（一）教学资源利用不足

尽管现代教育技术和互联网的发展为教学提供了更多的教学资源，但职前教师在有效利用这些资源进行教学活动时仍然面临着显著的挑战。这些挑战不仅涉及资源的发现和评估，还包括如何将发现的资源有效整合到教学设计中，从而真正提高教学质量和效果。

首先，职前教师在搜索和筛选教学资源时常常感到困难。由于互联网上信息的海量性，没有足够经验的职前教师往往难以从中识别出真正有用和质量高的教学资源。他们可能不熟悉使用关键词搜索的技巧，或不了解如何验证网上资源的可靠性和适用性。此外，对于特定的教学内容和目标，职前教师可能也缺乏筛选和评估资源的能力，不知道如何从众多选项中挑选出最适合自己教学需求的资源。

其次，即使职前教师找到了看似合适的教学资源，如何将这些资源有效地融入教学设计和实施中去也是一项挑战。这不仅需要职前教师具备将资源与教学目标、学生需求和课程结构相匹配的能力，还要求他们能够创造性地使用这些资源。例如，如何将一个在线视频资源转化为一个互动的课堂活动，或者如何利用一个教育软件来支持个性化学习，都需要职前教师具备一定的教学设计和技术应用能力。

（二）教学方法的局限性

在教育领域中，依赖传统教学方法而忽视新型教学策略的应用是一种常见现象，尤其是在职前教师中更为普遍。虽然传统教学方法，例如讲授法和书面作业，因其操作简便和易于实施而被广泛采用，但这些方法在促进学生主动参与学习、激发学生学习兴趣方面的效果往往有限。相比之下，新型教学策略，如项目式学习、翻转课堂等，通过提供更多互动性和参与性的学习环境，能够有效地提高学生的学习积极性和自主学习能力。

（三）实践经验不足

实践经验对职前教师掌握教学技能至关重要。通过实际教学，职前教师能够面对真实的教学挑战，如学生差异性、课堂管理问题以及教学资源的有效利用等，这些经验能够帮助他们理解教学的复杂性，培养解决问题的能力。然而，缺乏足够的实践机会意味着职前教师可能无法充分发展这些关键技能，从而影响他们未来的教学。

总而言之，职前全科教师在准备小学英语教学过程中面临的挑战是多方面的，涉及理论知识的应用、教学资源的利用、教学方法的创新以及实践经验不足等。针对这些挑战，需要职前教师、教育培训机构以及学校共同努力，通过提供更多实践机会、强化资源利用和教学方法培训等措施，帮助职前教师更好地准备并适应未来的教学任务。

三、职前分科教师专业发展策略提升

为了应对职前全科教师在小学英语教学准备中面临的挑战，专业发展策略的提升显得尤为重要。以下是针对职前教师专业发展的一些建议。

（一）加强基础英语能力培训

基础英语能力是教师小学英语教学的基石，对于确保教师能够有效地进行教学活动至关重要。因此，职前全科教师的专业英语培训和英语沉浸式学习显得尤为重要。这种培训和学习不仅仅局限于传统的语法规则、词汇量扩充以及发音练习，还涉及提升实际的交流能力，使教师能够在课堂上自信、流利地使用英语进行有效的沟通和教学。

专业英语能力的提升不单是一个语言学习的过程，更是一个文化理解和交流能力培养的过程。通过参加专业的英语能力提升课程，职前教师能在专业导师的指导下，系统地学习和练习英语，这包括但不限于课堂教学用语、学术讨论以及与学生互动时的表达。这些课程往往结合现代教学技术和互动式学习方法，如角色扮演、小组讨论等，使学习过程既高效又有趣。

此外，英语沉浸式学习，特别是参与以英语为母语国家的文化交流项目，为职前教师提供了一个在真实语言环境中提升英语能力的绝佳机会。这样的经历不仅可以让职前教师在日常生活中广泛使用英语，加深对语言的理解和应用，还能让他们直接接触和体验英语国家的文化，从而在教学中更加自如地融入文化背景知识，提高教学的趣味性和有效性。

通过这些专业培训，职前教师能够在语言知识、文化理解以及跨文化交流能力等方面获得显著提升。这不仅增强了他们用英语进行有效教学的能力，也为他们未来的职业发展打下了坚实的基础。教师的英语能力直接影响到教学质量和学生的学习效果，因此，加强对职前教师的英语培训，无疑是提升教师小学英语教学水平的关键步骤。

（二）提高教学方法和策略培训

现代教学方法和策略的有效运用在当今教育领域中扮演着至关重要的角色，尤其是在激发学生学习兴趣和提升教师教学效果方面。为了确保职前教师能够在他们的教学实践中有效地应用这些创新教学方法，建议教育机构通过举办研讨会和工作坊等形式，加强对职前教师的教学方法和策略培训。

这种培训的重点应当放在如情景教学、游戏化学习、合作学习等创新教学策略上。通过模拟教学和角色扮演等互动形式的培训，职前教师不仅可以在一个支持性的环境中尝试和实践这些教学方法，还可以立即获得反馈和建议，以便及时调整和优化自己的教学策略。这种培训方式有助于职前教师增强他们的教学技巧，特别是在处理复杂教学情境和适应不同学习需求的学生时。

此外，这类培训也应当包括对现代教育技术的使用培训，如利用数字工具和资源来支持和丰富教学内容。随着科技的发展，教育技术成为现代教学不可或缺的一部分，职前教师应当掌握这些技术工具的使用方法，以便更有效地进行教学设计。

总而言之，通过系统的培训，职前教师将能够更好地理解和掌握现代教学方法和技能，增强他们的教学实践能力。这不仅有助于提高他们未来教学的质量和效果，也为他们的职业发展奠定了坚实的基础。

（三）提供更多实践机会

实践经验在职前教师的专业发展中扮演着至关重要的角色。它不仅是将理论知识转化为实际教学技能的重要方式，也是职前教师理解教育现场、提升教育实践能力的关键环节。因此，提供充足的实习机会并构建一个让职前教师与经验丰富的在职教师进行互动的平台显得尤为重要。这样的安排能有效地促进知识和经验的共享，同时也为职前教师提供了观摩和学习实用教学技巧的机会，从而加速他们的专业成长过程。

通过实习，职前教师能够在实际的教学环境中运用他们在课堂上学到的理论知识。这不仅能帮助他们更好地理解这些理论的实际应用意义，还能使他们面对真实的教学挑战，如课堂管理、学生差异化教学以及如何有效地激发学生的学习兴趣等。这些实践中的经验对于职前教师形成有效教学策略十分重要。

建立职前教师与在职教师之间的互动平台，让职前教师有机会直接向教育一线的专业人士学习。这种互动不仅包括教学方法和技巧的传授，更重要的是可以分享教育实践中的经验教训。在职教师的经验分享能够为职前教师提供宝贵的第一手教学知识，帮助他们更快地适应教育行业，避免在实践中走弯路。

通过以上方式，职前教师不仅能够在实际教学环境中应用所学知识，更能够从在职教师那里学习到丰富的实用教学技巧和经验，这对于他们未来的教学工作和职业生涯发展具有重要意义。因此，教育机构和师范院校应当重视提供实习机会，并积极构建职前教师与在职教师之间的互动平台，为职前教师的专业发展创造更加有利的条件。

（四）利用现代教育技术

在当今的教育领域中，掌握和有效应用现代教育技术已成为教师提升教学质量的关键。随着科技的不断进步，各种在线教育平台、教育软件以及其他数字工具为教师提供了丰富的教学资源。对于职前教师来说，积极学习和使用这些现代教育技术不仅是一个提升教学能力的机会，也是一个必要的职业发展要求。

在线教育平台和教育软件等数字工具的使用，可以显著丰富教学手段和资源。这些工具提供了丰富多样的学习材料，如互动视频、模拟实验、自动化测试等，这些内容不仅能够吸引学生的注意力，增加学习的趣味性，还能够为学生提供即时反馈，帮助他们更好地掌握学习内容。通过利用这些资源，职前教师能够设计出更为生动和互动的教学活动，有效提高课堂互动性，激发学生的学习兴趣和积极性。

生成式 AI 技术。生成式人工智能（AI）技术以其强大的数据处理和创新生成能力，为小学教师的教学带来革命性创新。这种技术可以帮助教师开发新的教学方法、内容和资源，从而提升教学效果和学生的学习体验。生成式AI技术能够基于大量教育数据生成创新的教学内容，包括定制化的教学案例、互动式学习活动和模拟场景等。教师可以利用这些内容丰富教学手段，为学生提供更多样化、个性化的学习体验。例如，AI可以生成与学生兴趣相关的数学问题场景，或根据历史课程内容创建虚拟的历史人物对话，增加学习的趣味性和沉浸感。通过分析学生的学习进度、能力和偏好，生成式AI技术能够为每个学生设计个性化的学习路径。这对小学教师来说，是一个巨大的教学思路扩展。它允许教师根据AI的分析和建议，调整教学计划，为学生提供更加符合其个人需求的学习指导和资源，从而使每位学生的学习潜能最大化。生成式AI技术还能够自动生成学生的学习评估报告和个性化反馈。这些报告不仅包括学生的学习成绩，还能深入分析学生的学习习惯、理解能力和知识掌握情况。基于此，教师可以获得关于如何改进教学方法和策略的具体建议，帮助学生更有效地克服学习障碍。生成式AI技术不仅能扩展教师的教学思路，还能促进教师的专业成长。AI技术可以为教师提供最新的教育理论、教学法和学科知识，甚至能够基于教师的兴趣和需求，推荐相关的教育研究文章和资源。通过持续学习和探索AI生成的内容和建议，教师可以不断提升自己的教学能力和专业知识。利用生成式AI技术，小学教师可以更容易地实施跨学科教学。AI可以帮助教师发现不同学科之间的联系，生成融合多个学科知识点的教学活动和项目。这种跨学科的教学方式能够提高学生的综合思维能力。

  有效管理学习进度也是现代教育技术的一个重要优势。利用在线平台和教育软件，教师可以便捷地安排作业、评估测试，并实时监控学生的学习状态。这种管理方式不仅减轻了教师的工作负担，也使学生的学习过程更加透明化，有利于及时调整教学计划和策略，确保教学目标的实现。

  因此，鼓励职前教师学习和应用现代教育技术是非常必要的。教育机构应当提供相关的培训和资源，如教育技术工作坊、在线课程以及实践操作的机会，帮助职前教师熟悉这些工具的使用方法和教学应用。通过这样的准备，职前教师将能够更加自信和有效地运用现代教育技术，提升教学效果，为学生创造一个更加丰富、互动和个性化的学习环境。

第三章　职前全科教师培养的理论基础

第一节　教育学与心理学支持的教师培养模式

在当今教育领域，教育学与心理学的重要性日益显著，尤其是在教师培养这一关键过程中。教育学提供了教学方法和策略的理论基础，而心理学则揭示了学习者的心理发展规律和学习动机，两者共同构成了教师专业发展的理论框架。这一框架对于全科教师而言尤为重要，特别是在小学英语教学领域，全科教师需要掌握跨学科知识，同时理解学生的认知和心理发展特点，以实现有效教学。

通过教育学的学习，全科教师能够掌握有效的教学策略和方法，了解课程设计和教学评估的原则。心理学的知识则帮助教师理解学生的心理特点和学习动机，从而更好地满足学生的个性化学习需求。因此，这两门学科的知识对于全科教师来说是不可或缺的，它们共同支持教师的专业成长和教学改进。

一、教育理论与实践的整合

教育学在支持教师培养模式中起着重要的作用，尤其是在为教师提供必要的理论基础和实践指导方面。这种支持体现在教育理论与实践的结合、课程设计与教学策略的开发，以及学生评估与反馈机制的建立等多个方面。

教育理论在塑造和指导教师职业发展的过程中扮演着核心角色。它不仅为教师提供了一系列关于如何理解学生学习过程的指导原则和框架，还阐述了促进学习的有效方法。这些理论涵盖了从学习动机到认知发展的各个方面，为教师提供了理解学生如何接收、处理以及保留信息的理论知识。更重要的是，教育理论强调了教师在学生学习过程中的积极作用，指导他们如何通过不同的教学策略和方法来满足学生的个性化学习需求。

通过将理论知识转化为实践技能，教师能够更有效地促进学生的学习和发展。实践教学活动，如课堂教学、模拟教学和教学实习，为职前教师提供了宝贵的机会，使他们能够在真实的教学环境中应用并测试他们的理论知识。这些活动不仅允许预备教师在实际教学中应用理论，还为教师提供了接受反馈和进行自我反思的机会，这是理解和改进教学实践的关键。

此外，这种理论与实践的结合对于加深教师对教育理论的理解至关重要。通过亲身体验和观察理论在实际教学中的应用效果，教师能够更深入地理解这些理论背后的原理，并将这些理论内化为自己的教学方法。此过程不仅促进了教师的专业成长，还增强了他们解决教学中遇到的具体问题的能力。例如，通过实践教学，教师可以学习如何根据学生的认知发展阶段设计适宜的教学活动。

最终，理论与实践的有效结合不仅提升了教师的教学质量，还有助于建立更加积极、互动的学习环境。这种环境能够激发学生的学习兴趣，促进学生的主动学习，从而达到提高学生学习效果的目的。因此，教育理论和实践教学的结合是教师职业发展中不可分割的一部分，它们共同为教师提供了成为有效教育者所需的知识和技能。

二、心理学支持的教师培养模式

心理学为教师理解学生的学习和发展提供了科学基础，同时也为教师的职业发展和心理健康提供了指导。以下是根据提供的大纲，对心理学支持的教师培养模式的具体应用进行的详细解析。

（一）学生发展与学习心理

心理学理论，尤其是皮亚杰的认知发展阶段理论和维果茨基的社会文化理论，为理解学生的学习方式以及教师如何有效支持这一过程提供了理论基础。皮亚杰的理论强调学生认知能力的逐步建构过程，他将儿童的认知发展划分为四个阶段，每个阶段都有其独特的思维和学习特点。而维果茨基的社会文化理论则着重于社会互动对认知发展的促进作用，特别是成人和同伴对学习者的指导和支持在学习过程中的重要性。

通过了解和应用心理学理论，教师可以更加精准地识别学生在不同年龄阶段的认知特征和学习需求。例如，对于处于具体操作阶段的小学生，教师可以设计更多基于实物操作和直观体验的学习活动，以促进学生对具体概念的理解和应用。对于更年长的学生，教师则可以引入更多的抽象思维训练，如逻辑推理和假设验证，以支持他们进入形式操作阶段的认知发展。

此外，学习心理学的其他理论，如加德纳的多元智能理论和布鲁姆的教育目标分类学，为教学活动的设计提供了理论基础。多元智能理论认为，学生具有多种不同类型的智能，如语言智能、逻辑数学智能、空间智能等，教师应根据学生的个别差异设计教学活动，以促进每个学生的全面发展。布鲁姆的教育目标分类学则强调了在认知、情感和动作技能方面设定明确且分层次的学习目标的重要性，帮助教师有目的性地组织教学内容，从而更有效地满足学生的学习需求。

综上所述，将心理学理论应用于教学中，不仅可以帮助教师更好地理解学生的学习特点和需求，还能为教师提供科学的指导原则，设计出更符合学生认知发展特点的教学活动，从而有效提升教学效果，促进学生的全面和个性化发展。

（二）教师心理健康与职业发展

众多研究已经证实，教师的情绪状态和心理健康状况不仅直接关联他们的教学表现，还会影响学生的学习态度和动力。因此，关注教师的心理健康，提高他们的职业满意度，以及支持他们职业生涯的持续发展，是基于心理学的教师培养模式中不可忽视的一环。

为了实现这一目标，必须采取一系列措施。提供职业发展机会是激励教师，提升其职业满意度的有效途径。这包括定期的专业培训、学术交流、教学研究以及进一步教育的机会。通过这些途径，教师能够不断更新自己的教育理念和教学方法，也能提升自我价值感和职业成就感。

建立一个支持性的工作环境和良好的同事关系对于维护教师的心理健康同样重要。学校和教育机构应当努力营造一个开放、包容和相互支持的文化氛围，让教师感受到尊重和归属感。通过组织团队建设活动、促进教师之间的交流和合作，可以有效减轻工作压力，提升团队凝聚力。

此外，针对压力管理和情绪调节的培训对于帮助教师建立有效的自我调节也很重要。这种培训可以帮助教师认识和理解自己的情绪状态，学习如何有效应对职业生涯中遇到的挑战和压力。培训内容可以包括时间管理、情绪管理技巧、自我关怀方法以及寻求专业心理支持的途径等。

（三）师生互动与课堂管理

有效的师生互动需要教师掌握一系列心理学知识，包括但不限于积极反馈、期望效应和自我效能感的提升。这些心理学知识不仅能够帮助教师更好地理解学生的心理状态和行为动机，还能指导教师在日常教学中采用更为有效的互动策略。

积极反馈是鼓励学生学习和行为改进的一种强有力的手段。通过给予学生正面的反馈，教师可以强化学生的良好表现和努力，增强他们继续努力的动力。此外，积极反馈还能够提升学生的自尊心和自我效能感，使他们更加自信地面对学习挑战。

期望效应强调教师对学生的期望会影响学生的自我认知和表现。教师如果持有高期望，相信每个学生都有成功的潜力，这种信念会通过日常的互动传达给学生，从而激发学生的内在动力，促使他们达到更高的学业成就。

自我效能感的提升是学生学习动力的重要来源。教师可以通过设置适度的挑战、提供必要的支持和资源，帮助学生成功完成任务，从而增强学生面对难题时的信心和能力感。

在课堂管理方面，心理学知识同样发挥着重要作用。例如，应用行为心理学的原理，教师可以设计一套明确的奖励和惩罚机制，以激励学生遵守课堂规则，展现积极的行为模式。同时，通过冲突解决策略和情绪智力的培养，教师能够有效管理课堂互动，帮助学生学习如何在团队中进行有效沟通，处理人际冲突，以及如何适当表达和调节自己的情绪。

总之，通过理解和应用心理学知识，教师可以在日常教学和课堂管理中采取更为科学和有效的方法。这不仅有助于为学生创造良好的学习环境，还能够促进学生的认知发展、自我调节能力的提升，从而实现教育的全面目标。心理学为教师培养提供了一个全面的支持框架，不仅涵盖了对学生学习和发展的理解，也包括了教师职业发展和心理健康的关注点，以及师生互动和课堂管理的有效策略。这种基于心理学的教师培养模式，有助于培养出更加专业、健康、有效的小学英语教师，从而促进教育质量的整体提升。

三、结论

在全科教师培养模式中，教育学与心理学的综合应用已经证明了其不可或缺的作用。通过将教育理论与学习者的心理发展相结合，这一跨学科的培养模式不仅提高了教师的教学能力，还促进了他们对学生认知和情感需求的深入理解。这种综合方法使教师能够更有效地应对教学过程中的各种挑战，从而提高教学质量。

特别是在小学英语教学领域，创新的教师培养模式的重要性不容忽视。随着全球化进程的加快，英语教学的质量直接关系到学生未来发展。因此，掌握教育学和心理学知识不仅可以帮助教师掌握最新的教育理论和教学方法，还可以使他们能够更好地理解学生的学习心理，创造更加吸引人和有效的学习环境。

总之，教育学与心理学在全科教师培养模式中的综合应用提升了小学英语教学质量提供了坚实的理论和实践。随着教育领域的不断发展，这种创新的教师培养模式将继续发挥关键作用，为培养能够满足当前教育需求的高质量教师队伍提供支持。

第二节 语言教学理论在小学英语教育中的应用

本节旨在探讨语言教学理论在小学英语教育中的重要作用，目的是通过科学的教学方法和策略，促进学生英语语言能力的发展。为实现这一目标，本节将对现有的语言教学理论进行综合分析，如构建主义理论、多元智能理论以及第二语言习得理论等，并探索这些理论在小学英语教学实践中的具体应用。

本节的重点在于指导小学英语教师如何根据语言教学理论设计和实施教学活动，使之既能满足学生的认知特点和学习需求，又能有效提高教学效果。我们将探讨如何利用教学理论来优化课堂教学设计、提升学生参与度、实现个性化教学以及评估学生学习成效等，从而为学生创造一个充满活力、鼓励探索和交流的英语学习环境。

一、行为主义理论

行为主义理论，是心理学和教育学领域中的一个重要理论，对于理解学生的学习过程及其背后的机制提供了独特视角。该理论将学习视为一种通过刺激和反应之间的关联而发生的过程，强调了外部环境对学习行为的影响。在语言学习，尤其是小学英语教学的背景下，行为主义理论指出，通过有意义的重复和强化，可以有效促进学生对语言的习得。

应用于小学英语教学，行为主义理论的核心在于设计具有高度重复性的听说练习，使学生能够在重复的过程中逐渐掌握英语单词和句型。例如，利用带有旋律和节奏的英语歌曲，不仅可以吸引学生的注意力，还能通过歌曲中反复出现的单词和句型，加深学生的记忆。类似地，通过韵律诗和口令等活动，学生在参与和模仿的过程中，不知不觉地记住了英语语言结构，同时也提高了语言的流畅性和自然性。

此外，行为主义理论还强调了即时奖励在强化学习过程中的重要作用。当学生在听说练习中给出正确的回答或表现时，教师可以通过表扬、贴纸、小礼物等形式给予积极反馈，这种即时的正向强化不仅能够提升学生的自信心，还能增强他们继续参与学习活动的动力。通过这种方式，学生的学习积极性得到了有效的提升，从而进一步促进了语言技能的掌握和应用。

总的来说，行为主义理论为小学英语教学提供了一种科学、有效的教学方法。通过巧妙设计含有重复元素的听说练习，结合对学生行为的即时奖励，教师能够有效地促进学生对英语语言的记忆和理解，进而提高他们的语言学习效果。

二、认知主义理论

认知主义理论的核心观点认为学习不仅仅是外部行为的改变，更重要的是学习者对信息的内部处理过程。换言之，学习者通过主动地对语言规则进行内部理解和加工，从而实现语言的习得。这种对学习过程的深刻理解为小学英语教育提供了宝贵的指导，强调了需要更多地让学生通过主动思考来参与学习过程。

在认知主义理论的指导下，小学英语教学可以采用一系列以学生为中心的教学方法，比如问题解决和探究学习。这些方法不仅激发学生的学习兴趣，还鼓励他们积极参与思考和探索，从而更深入地理解和掌握语言知识。例如，教师可以设计各种真实或模拟的情境任务，如让学生在一个虚拟的旅行场景中使用英语来解决问题、在角色扮演游戏中扮演不同的角色并使用英语进行交流，或是在故事创作活动中用英语编写自己的故事。这样的活动不仅能让学生在实践中使用英语，还能促进他们对语言规则的自然习得。

此外，通过这种教学方法，学生能在完成特定任务的过程中，自然而然地使用英语进行思考和交流，这种语言使用的过程本身就是对语言规则的理解和加工的过程。学生在这一过程中不仅学会了如何使用语言，更重要的是学会了如何思考和应用语言。

认知主义理论指导下的小学英语教学方法强调学生在学习过程中的主动性和创造性，通过设置丰富多样的学习情境和任务，使学生能够在参与的过程中深化对英语语言规则的理解和应用。这样的教学策略不仅能够提高学生的语言能力，还能够培养他们的思维能力和解决问题的能力，为学生的全面发展奠定基础。

三、建构主义理论

建构主义理论认为知识不是被动接受的，而是通过个体与环境的互动在心智中主动构建的。这一理论对小学英语教育提供了深刻的启示，强调教学过程应鼓励学生的主动探索和知识构建。

在这一理论的指导下，小学英语教学中的教师可以设计并实施一系列以学生为中心的、基于实践的活动。这些活动的目的是让学生在真实或模拟的语言使用环境中，通过互动、交流和合作，主动地构建和发展自己的语言能力。例如，小组合作项目不仅要求学生共同完成特定的任务，如准备一份英语报告、制作英语展板或演出一场英语话剧，还鼓励他们在过程中交流思想、解决问题，并共享资源。这样的活动能有效地激发学生对英语学习的兴趣，同时促进他们的语言实际运用能力和团队合作精神的发展。

此外，通过实践活动，学生能够在具体语境中使用英语，这不仅帮助他们更好地理解语言本身，还能够使他们在使用语言的过程中学会思考、表达。例如，在准备英语报告的过程中，学生需要收集信息、整理资料并用英语表达出来，这一系列活动促使学生不仅学习到了新的语言知识，还学会了如何应用这些知识解决实际问题。

同时，教师的角色在建构主义理论下也发生了转变，从传统的知识传递者转变为学习引导者和协助者。教师应鼓励学生提出问题、探索解决方案，并在必要时提供支持，帮助学生在学习过程中构建知识体系。通过这样的教学模式，学生不仅能够在语言学习中获得知识和技能，还能够培养解决问题的能力、批判性思维和创造性思维。

四、社会文化理论

维果茨基的社会文化理论提出了一种全新的认知发展观，将社会互动置于学习和认知发展的核心位置。这一理论认为，学生的学习和认知能力的发展是通过与他人的交往和文化工具的使用中实现的。因此，在小学英语教育中，应用这一理论意味着要通过创设丰富的社会交往场景，使学生能够在实际的社会互动中学习和使用英语，这样不仅有助于提升学生的语言实践能力，也能促进他们对文化多样性的理解和尊重。

将社会文化理论融入小学英语教学，教师可以设计和组织一系列促进学生之间以及学生与教师之间互动的活动。例如，通过小组讨论，学生可以就特定话题用英语进行交流和讨论，这不仅提高了他们用英语表达观点的能力，也培养了他们的合作与沟通技巧。合作游戏则能在轻松愉快的氛围中激发学生的学习兴趣，同时通过游戏规则引导学生用英语进行互动，进一步加深学生对语言的理解和应用。

此外，与英语为母语的学生进行书面交流是另一种扩展学生社会交往范围的有效途径，同时提供真实语言学习环境的有效方式。通过书信或电子邮件的形式，学生不仅可以练习书面英语的表达，还能了解到不同的文化背景信息，提高学生跨文化交流的能力。

维果茨基的社会文化理论还强调了"更近发展区"的概念，即学生当前能力与在成人指导或同伴协助下能达到的潜在发展水平之间的差距。在这一框架下，教师的角色转变为学习的促进者和支持者，通过适时的引导和支持帮助学生达到他们的潜在发展水平。因此，在小学英语教学中，教师应根据学生的具体需要提供个性化的指导和帮助，鼓励学生积极参与到社会互动中，通过实践活动不断提高自己的英语能力。

五、结论

  我们可以清晰地看到，语言教学理论不仅为教师教学实践提供了坚实的基础，而且在实际应用中展现了巨大的价值。通过将行为主义、认知主义、建构主义以及社会文化理论等不同的语言教学理论融入小学英语教学中，教师能够设计出更加多样化、互动性强和以学生为中心的教学活动，从而极大地提高了教学质量和学生的语言学习成果。

  这些教学理论的应用使得教学过程更加注重学生的主动参与和实践经验，强调了在真实或模拟的语境中使用语言进行交流和思考的重要性。通过小组讨论、角色扮演、项目式学习等形式，学生不仅能够在互动中学习语言，还能够通过合作学习深化对语言规则的理解和应用，这无疑提高了学生的语言实际运用能力。

  总之，语言教学理论在小学英语教育中的应用展现了其不可替代的价值。这些理论不仅指导教师如何科学、有效地进行教学设计和实施，还强调了学生在学习过程中的主体地位和主动性，为学生的语言学习和综合素养发展提供了有力支持。因此，深入理解和正确应用这些语言教学理论，对于提升教学质量、促进学生语言学习成果具有重要意义。

第四章　小学英语教学的方法与策略

第一节　游戏与互动教学法

在当今的教育环境中，游戏与互动教学法已经成为小学英语教学中不可或缺的一部分。其独特的教学方式，不仅极大地提高了学生的学习兴趣，还有效地促进了学生英语能力的提升。本文旨在探讨游戏与互动教学法在小学英语教学中的基本概念及其重要性，并分析这些方法如何在实际教学中发挥作用。

游戏与互动教学法的重要性在于它们能够将学习变成一种乐趣和挑战，而非单一的、枯燥的记忆过程。通过游戏和互动，学生可以在放松的环境中学习英语，从而更容易吸收和记住新知识。这种教学方法鼓励学生积极参与，通过实际应用来深化对英语语言和文化的理解。同时，它也促进了学生之间的合作与交流，帮助学生培养团队协作能力和社交技巧。

总的来说，游戏与互动教学法通过创造一个积极、互动的学习环境，极大地激发了学生学习英语的兴趣和热情。这些方法的应用不仅使英语学习变得更加生动有趣，还有效地提升了学生的语言技能和综合素养，为学生的全面发展奠定了坚实的基础。

一、游戏教学法

游戏教学法是一种将学习内容融入游戏活动中的教学策略，它利用学生对游戏的天然兴趣，通过游戏的方式进行英语学习。这种教学方法在小学英语教学中尤为有效，因为它能够以富有乐趣和互动性的方式吸引学生的注意力，增强他们对英语学习的兴趣，从而提升学习效果。

（一）定义与特点

游戏教学法通过设计包含特定学习目标的游戏活动，让学生在游戏中学习和练习英语。这种教学法的核心特点在于它的互动性、趣味性和实践性。通过参与游戏，学生可以在轻松愉快的氛围中进行语言实践，加深对词汇、语法等英语知识的理解和记忆。此外，游戏教学法还能够促进学生之间的社交互动，提高他们的沟通能力和团队协作能力。

（二）实施策略

有效地设计和实施游戏活动对于利用游戏教学法达到最佳教学效果至关重要。这一过程不仅要求教师深入了解学生的特点和需求，还要求教师具有创造性思维以及灵活应用教学策略的能力。

1. 选择或设计适合的游戏类型

选择或设计适合小学生的游戏类型是实施游戏教学法的第一步。不同年龄阶段的学生有着不同的认知水平和兴趣点，因此，教师在选择游戏时需要考虑学生的年龄特点。对于年龄较小的学生，应用诸如记忆卡片、配对游戏、简单的分类游戏等可以帮助他们学习和巩固新词汇。对于年龄稍大的学生，角色扮演游戏、故事重构游戏或解谜游戏则可以更好地促进他们的语言表达能力和创造性思维。此外，教师还应考虑学生的兴趣爱好，选择或设计能够激发学生学习热情的游戏，从而提高学生的学习效率。

2. 确保游戏活动与学习目标紧密相关

游戏设计的另一个关键要素是确保游戏活动与学习目标紧密相关。教师需要明确游戏的教学目的，比如词汇学习、语法练习、听力理解或口语交流等，然后根据这些目标设计游戏任务和挑战。例如，在设计一个词汇学习游戏时，可以将新学的词汇融入游戏情境中，让学生在完成游戏任务的同时，自然而然地复习和使用这些词汇。通过这种方式，学生不仅能够在游戏中享受乐趣，还能有效地达到学习目标。

3. 在游戏过程中发挥引导和监督作用

教师在游戏过程中的引导和监督作用是不可或缺的。教师不仅要组织和引导学生参与游戏，还要在游戏过程中观察学生的表现，及时给予反馈和指导。这包括鼓励学生积极参与，提出挑战性的问题，引导学生进行反思，以及在必要时调整游戏规则或难度,以适应学生的学习进度。同时,教师还应鼓励学生之间的互助合作,通过小组游戏等形式促进学生的社交互动,增强团队合作精神。

总之,有效的游戏设计和应用对于利用游戏教学法提升小学英语教学效果至关重要。通过精心设计与实施,结合教师的积极引导和监督,游戏教学法不仅能够为学生提供一个轻松愉快的学习环境,还能有效提升他们的英语学习兴趣和参与度,促进英语能力的全面提升。

(三)案例分析

"宝藏猎人"游戏主要教授英语方向词和指令语。在这个游戏中,教师需准备一张含有各种地点标志的地图,并在教室内模拟这些地点。学生分成小组,每组获得一系列用英语书写的线索和任务,他们需要根据这些线索在"地图"上寻找宝藏。在这个过程中,学生不仅能够在实际语境中练习使用方向词和指令语,还能够在寻宝的乐趣中加深对这些词汇和句型的记忆。这个游戏有效地提高了学生的英语学习兴趣和参与度,同时也增强了他们的团队合作能力。

总之,游戏教学法通过将学习内容与游戏活动相结合,为小学英语教学提供了一种既有效又有趣的教学方式。通过合理设计和实施游戏活动,教师可以激发学生的学习兴趣,提高他们的英语应用能力,从而达到更好的教学效果。

二、全身反应教学法

全身反应教学法(total physical response,TPR)是一种将语言学习与身体动作相结合的教学方法。它基于通过身体动作来增强语言记忆的原理。全身反应教学法尤其适用于小学英语教学,因为它通过身体动作,激发学生的学习兴趣,同时提高他们对英语语言的理解和运用能力。

(一)定义与特点

全身反应教学法由美国心理学家James Asher博士在20世纪60年代提出,其核心思想是通过模仿自然语言习得过程中儿童对指令的身体反应来教授第二语言。该方法特别强调听力理解和身体动作的结合,认为学习者通过执行与语言指令相对应的物理动作,可以更好地理解和记忆新语言。全身反应教学法的特点包括易于实施、学习氛围轻松愉快、能够快速提高学生的语言理解能力,尤其适合初学者和儿童。

（二）实施策略

全身反应教学法（TPR）特别适合小学阶段的学生，因为它结合了学习与运动，使语言学习变得更加生动和直观。为了最大化 TPR 活动的效果，教师在设计和实施这些活动时需要精心考虑多个方面。

选择合适的动作和指令对于激发学生的兴趣至关重要。对于小学英语初学者，从与日常生活紧密相关的简单动词开始是一个良好的开端。这些动词如"走""停"和"笑"，不仅易于理解，而且容易通过身体动作表达。随着学生语言能力的提高，教师可以逐步引入更多复杂的指令和动作，如"在椅子下找到书"或"给你的朋友递一支笔"。通过要求学生理解并执行更为复杂的指令，从而进一步提升他们的听力理解能力和语言反应速度。

将 TPR 活动融入日常教学内容是另一个关键策略。例如，当教学单元涉及动物名称时，教师可以设计一系列模仿不同动物行为的 TPR 活动，如"像猫一样悄悄走"或"像大象一样重重踩步"。这样不仅能够帮助学生在动作中记忆单词，还能增加课堂的趣味性和学生的参与感。

利用 TPR 讲故事是一个极具创意的教学方法。教师可以根据故事情节设计一系列动作，让学生在执行这些动作。例如，在讲述一则关于海滩冒险的故事时，教师可以让学生模仿游泳、挖沙和捡贝壳的动作。这种方法不仅能够提高学生对故事内容的理解，还能促进他们通过身体语言表达自己的想法和感受，进一步加深对英语的实际运用能力。

通过精心设计和实施 TPR 活动，教师可以为小学生提供一个既有趣又有效的英语学习环境。这种教学方法通过结合听力理解与身体动作，极大地提高了学生的语言学习动机和参与度，为他们的英语学习之旅增添了无限乐趣。在教授日常用语词汇时，教师可以设计一系列与日常生活场景相关的 TPR 活动。例如，在学习"在厨房"相关词汇时，教师通过使用"切""搅拌""煮"等动词，让学生模仿做菜的动作。通过这种方式，学生不仅能快速掌握新词汇，还能在轻松愉快的氛围中运用这些词汇进行简单对话，有效提升他们的语言实际运用能力。

总之，全身反应教学法通过结合听力理解和身体动作，为小学英语学习者提供了一种有效且趣味横生的学习方式。通过实施 TPR 活动，教师不仅能够提升学生对英语的兴趣和参与度，还能有效提高他们的语言理解和实际运用能力，为学生的英语学习之路奠定坚实的基础。

三、情景教学法

（一）情景教学法的概念

情景教学法是一种将语言学习置于具体语境中的教学策略，旨在通过模拟真实生活情景来提高学生的语言使用能力。这种教学方法的理论基础是来自社会文化理论，强调语言学习是社会互动和文化参与的过程。情景教学法的教学优势在于它能够为学生提供一个实际的语言使用环境，使学生能够在具体情境中练习和应用新学的语言知识，从而提高学生的语言实际运用能力。

（二）实施策略

情景教学法能够将抽象的语言学习转化为具体和生动的体验。通过模拟真实生活情景，教师可以为学生提供一个互动丰富、情境真实的学习环境，让学生在参与中学习。

要成功实施情景教学法，教师首先需要创造或模拟与学习内容紧密相关的真实情景。这一过程中，教室的布置和道具的使用起到了关键的作用。通过巧妙的课室装饰和恰当的道具选择，教师可以将平凡的教学空间转变为一个特定场景。

以教授食物和餐厅用语为例，教师可以通过简单的桌椅布置、制作或购买的食物模型、菜单复印件等物品，将课室转变为一个模拟餐厅环境。在这个"餐厅"中，学生被分配不同的角色，如顾客、服务员、收银员等，他们需要使用英语完成点餐、讨论菜单和支付账单等一系列与餐厅相关的交流任务。

通过这种模拟的情景教学，学生不仅能够在真实的语境中练习使用英语进行交流，还能够更深入地理解和记忆相关的词汇和表达方式。此外，这种互动性强的学习模式也能极大地提升学生的学习兴趣和参与度，使他们在愉快的氛围中学习英语，从而更有效地掌握语言技能。

此外，利用多媒体工具如音频和视频资料，也能极大地丰富情景教学的内容和形式。例如，在模拟餐厅活动中，教师可以播放一段餐厅背景音乐，或者展示一段英语国家餐厅就餐的视频，以增强学生的沉浸感，帮助他们更好地理解餐厅文化和用餐礼仪。

通过这种创造性和互动性的教学方法，情景教学法能够有效地将语言学习和文化理解相结合，不仅让学生在具体的情境中应用英语，还能够促进他们对英语文化的了解和兴趣。这种教学方法的成功实施，不仅依赖于教师的创意和努力，还需要学生的积极参与和合作，共同创造一个有趣、有效的英语学习环境。

此外，情景教学法的实施还要求教师精心设计与情景相关的交流任务，引导学生在情景中使用目标语言进行互动。教师应鼓励学生运用所学的词汇和语法来完成这些任务，同时提供必要的语言支持，帮助学生克服交流障碍。例如在小学英语课上模拟机场登机的情景。在这个活动中，教室被布置成为一个机场候机室，学生扮演旅客、航空公司工作人员和安检人员的角色。学生需要使用英语完成办理登机牌、行李托运、安检和登机等一系列任务。通过这个活动，学生不仅能够在真实的语境中练习使用英语进行交流，还能够加深对机场流程的理解，提高他们应对真实旅行情境的信心和能力。这个案例展示了情景教学法在提升学生语境理解能力和英语实际运用能力方面的显著效果。通过在具体情景中练习语言，学生能够更好地记忆新学的词汇和表达方式，并在实际交流中灵活运用。

总之，情景教学法通过模拟真实的情景，为学生提供了一个沉浸式的语言学习环境。这种教学方法不仅能够增强学生的语言实际运用能力，还能够提高他们对文化背景的理解，使英语学习变得更加生动和有效。通过精心设计的情景和相关交流任务，情景教学法能够极大地提升学生的学习兴趣和参与度，为他们的英语学习之旅增添无限乐趣。

四、歌谣教学法

歌谣教学法是一种利用歌曲和节奏性语言材料进行语言教学的方法。它通过将语言学习与音乐、节奏相结合，为学生提供了一种既愉快又有效的学习方式。特别是对于小学生而言，歌谣教学法不仅能够吸引他们的注意力，还能帮助他们在自然、轻松的环境中学习英语。

（一）定义与特点

歌谣教学法的核心在于使用歌曲和有节奏的语句来教授语言。这种方法的优势在于，歌曲和歌谣通常具有重复性强、节奏明显、旋律优美等特点，这些特点有助于提高学生的语言记忆能力。同时，通过对歌曲中的语言节奏和语调的学习，学生可以更好地掌握英语的发音和语调，从而提升他们的听力和发音准确性。

（二）实施策略

选择或创作适合小学生的英语歌谣是一个既有创意又具挑战性的过程。教师在这个过程中扮演着至关重要的角色，他们需要综合考虑歌谣的语言难度、主题内容以及学生的兴趣爱好，以确保所选的歌谣既能满足教学目标，又能吸引学生的注意力。选择主题时，教师应尽量挑选与学生日常生活紧密相关的内容，如家庭成员、学校生活、节日庆祝等，这些都是学生熟悉和感兴趣的领域，能够更容易激发他们的学习动机。

在实施教学时，播放歌谣并让学生跟随旋律进行听力练习是第一步。这不仅帮助学生熟悉歌谣的旋律和节奏，也是一个良好的听力训练过程。接着，教师引导学生跟读歌谣，这一步骤对于提高学生的语音语调尤为关键。教师可以特别强调歌谣中的关键词汇和句型，确保学生能够正确发音，并理解单词和句子的含义。

为了加深学生对歌谣内容的理解和记忆，教师可以设计一系列互动活动，使学习过程更加生动有趣。分角色演唱是一个很好的方法，学生可以扮演歌谣中的不同角色，通过表演来展现他们对歌词内容的理解。此外，伴随动作的歌唱活动对学生也有吸引力，通过简单的手势和身体动作，学生可以在动作中加强对歌谣词汇的记忆。这种结合听、说、做的学习方式，不仅能提高学生的语言技能，还能增进他们的身体协调性和团队合作能力。例如，英语儿歌 *Head, Shoulders, Knees and Toes* 来教授身体部位的英文名称。在这个教学活动中，教师首先通过歌曲引入新词汇，然后通过重复播放歌曲和跟随动作的方式，帮助学生在动作中记忆和复习单词。通过这个过程，学生不仅轻松学会了身体部位的英文名称，还在愉快的氛围中提升了他们的英语听力和发音准确性。

通过这样的教学方式，不仅使英语学习变得轻松愉快，还有效地提升了学生的英语听力和发音准确性。通过精心选择的歌谣和创新的教学活动，教师可以有效地引导学生在愉悦的氛围中掌握新知识，从而在无形中增强他们对英语学习的热情和兴趣。

总之，歌谣教学法通过结合音乐和语言学习，为小学英语教学提供了一种有效且有趣的方法。这种方法不仅能够激发学生的学习兴趣，还能够在无形中提升学生的语言节奏感和语调掌握，对于提高学生的英语听力和发音准确性具有显著效果。通过精心选择和设计歌谣，以及创新的教学活动，教师可以使歌谣教学法在小学英语教育中发挥出更大的教学潜力。

五、综合教学法

综合教学法是一种多元化的教学策略，它不局限于单一的教学模式，而是将游戏教学法、全身反应教学法（TPR）、情景教学法、歌谣教学法等多种方法融合运用，旨在创造一个丰富多样的学习环境，以适应不同学生的学习需求和偏好。通过综合不同的教学方法，教师可以在课堂上提供更全面、更有效的英语学习体验。

（一）定义与特点

综合教学法的核心理念是利用各种教学方法的优势，这种教学方法的特点在于它的灵活性和包容性，教师可以根据教学内容的具体要求和学生的个性化需求，选择最合适的教学手段。综合教学法鼓励创新和实验，旨在通过多样化的教学活动激发学生的学习兴趣，提高他们的英语语言综合运用能力。

（二）实施策略

实施综合教学法的过程中，教师扮演的角色极为关键，他们必须具备对各种教学方法的深入了解并能够熟练掌握，以便根据教学内容、学生特点及学习环境的变化灵活运用。综合教学法的魅力在于其多样性和灵活性，它能够将传统教学与现代教学技术相结合，创造出既有趣又高效的学习体验。

在教学设计阶段，教师需细致规划如何将不同的教学方法融入课程中。以词汇学习为例，情景教学法可以通过模拟真实场景或故事讲述的方式，为学生提供一个语境化的学习环境，让学生在具体情境中理解和记忆新词汇。紧接着，通过设计相关的游戏活动，如寻宝游戏或拼图游戏，让学生在玩乐中复习和巩固这些词汇。最终，采用歌谣教学法，教师可以引导学生通过唱歌的形式进一步加深对这些词汇的记忆，使学习过程既轻松又高效。

教学过程中，教师需要不断收集和分析课堂反馈，这包括学生的参与程度、学习反应以及学习成果等。这些反馈信息对于教师及时调整教学策略至关重要。例如，如果发现学生对某一活动的兴趣不高，教师可能需要引入新的教学活动或方法，以重新激发学生的学习动力。同时，教师也应鼓励学生提出自己的想法和建议，这不仅能增加学生的参与感，还能使教学更加贴近学生的实际需求。

综合教学法要求教师在教学中具有高度的创新意识和灵活应变能力。他们不仅是知识的传授者，更是学习过程的设计者和引领者。通过巧妙地结合不同的教学方法，教师可以创造一个富有创意和互动性的学习环境，促进学生全面发展。有效的综合教学不仅能够提升学生的语言技能，还能够培养他们的思维能力、社交能力以及解决问题的能力，为学生的未来学习和生活奠定坚实的基础。

例如，在小学英语课堂上实施的"我的家庭"主题教学。在这个教学单元中，教师首先通过情景教学法让学生用英语介绍自己的家庭成员。接着，利用全身反应教学法进行家庭成员职责的角色扮演活动，加深学生对动词短语的理解。在课程的后半部分，引入与家庭相关的英语歌谣，通过歌谣教学法帮助学生进一步巩固和记忆新学的词汇和表达。最后，通过设计一个家庭聚会的模拟游戏，学生可以在游戏中综合运用所学知识，提升英语交流技能。

这个案例展示了综合教学法在提升学生综合英语能力方面的显著效果。通过灵活运用多种教学方法，教师成功地调动了学生的学习积极性，提高了教学效果，同时也让学生在多样化的学习活动中体验到英语学习的乐趣和价值。

总之，综合教学法通过整合多种教学方法的优点，为小学英语教学提供了一种高效且富有成效的教学策略。通过实施综合教学法，教师不仅能够满足学生多样化的学习需求，还能够有效提升学生的英语综合运用能力，为他们的未来学习和生活打下坚实的基础。

六、结论

游戏与互动教学法在小学英语教学中扮演着至关重要的角色，它们通过将学习融入游戏和互动活动中，不仅能极大地提升学生的学习兴趣，还能有效促进学生语言技能的发展。它们能够为学生提供一个更加生动、互动和愉悦的学习环境，使英语学习变得不再枯燥乏味，而是充满乐趣和挑战。

通过游戏教学法、全身反应教学法、情景教学法、歌谣教学法等多种互动和参与式的教学策略，教师可以有效地引导学生在实践中学习和使用英语，从而提高听说读写他们的能力。这些方法不仅帮助学生在轻松愉快的氛围中掌握语言知识，还促进了学生之间的合作与交流，增强了他们的社交技能和团队合作能力。

重要的是，教师在运用这些教学法时必须根据学生的具体需要和教学目标进行灵活选择和应用。每个学生的学习风格、兴趣点以及语言水平都不尽相同，因此，教师需要精心设计和调整教学活动，以确保每位学生都能从中受益。此外，教师还应不断探索和尝试新的教学方法和技术，以丰富教学形式，提高教学效果。

第二节 故事讲述与角色扮演

在小学英语教学中，故事讲述与角色扮演作为两种富有创造性和互动性的教学方法，对于提升学生的学习兴趣和参与度发挥着至关重要的作用。这些方法不仅能够使英语学习过程变得更加生动有趣，还能够在无形中增强学生的英语运用能力。

一、概述

（一）故事讲述与角色扮演的重要性

故事讲述，通过引人入胜的故事情节带领学生进入一个充满想象的世界，让学生在听故事的过程中学习到丰富的语言表达和文化背景知识。这种方法能够激发学生的好奇心和探索欲，使他们在轻松愉悦的氛围中自然而然地学习英语。同时，故事中的语境为学生提供了理解和记忆新词汇、短语及语法结构的有效途径。

角色扮演则通过模拟真实的生活情境，让学生亲身参与到故事情节中，扮演故事中的角色，实践语言交流。这种互动式学习能够极大提升学生的语言实际运用能力，增强他们的沟通技巧和社交能力。通过角色扮演，学生不仅能够加深对语言的理解，还能够提高自信心，培养团队合作精神。

（二）教学方法对学生英语学习的帮助

故事讲述与角色扮演的运用，可以帮助学生在多个层面上更好地理解和使用英语。首先，这些方法通过提供丰富的语境，帮助学生理解单词和句子的含义，增加语言输入的质量和数量。其次，参与故事的讲述和角色扮演过程，能够让学生在实践中使用语言，从而加深对英语的记忆和理解。

此外，通过故事讲述与角色扮演，学生还能够学习到如何在特定语境中恰当使用语言。其不仅教会学生语言知识，更重要的是，教会学生如何在实际生活中运用这些知识。通过模拟不同的社会交往场景，学生能够更好地理解文化差异，学习如何在跨文化交流中有效使用英语。

总之，故事讲述与角色扮演使小学英语教学富有创意和互动性。它们不仅能够显著提升学生的学习兴趣和参与度，还能够在多个维度上帮助学生更好地理解和使用英语，为学生的全面发展打下坚实的基础。通过这些教学方法，教师可以有效地激发学生的学习潜能，引导他们在愉悦的学习氛围中探索英语的无限可能。

二、故事讲述法

故事讲述法在小学英语教学中尤其受到青睐。它通过讲述故事的方式，将语言学习嵌入到一个连贯的叙事中，使学生在听故事的过程中自然而然地吸收语言知识，从而提高英语听力理解能力和词汇量。

（一）定义与特点

故事讲述法通过故事来教授语言。故事自身的情节吸引学生的注意力，而故事中蕴含的语言知识点则自然地传递给听众。这种方法的优势在于其具有自然、有趣且高度互动的特性。故事能够激发学生的想象力和好奇心，同时提供丰富的语境，来帮助学生理解新词汇和语法结构。

（二）实施策略

选取或创作适合小学生水平的英语故事是故事讲述法成功实施的第一步，它要求教师充分考虑学生的语言接受能力和兴趣所在。一个好的故事不仅语言要简洁明了、容易理解，还要有吸引学生的故事情节，能够激起他们的好奇心和探索欲。例如，教师可以选取包含日常生活场景的故事，让学生在熟悉的背景下学习新词汇和表达方式；或者通过动物故事引入自然世界的知识，同时传递如友谊、勇气等正向的价值观；经典童话故事则能够通过寓意深刻的情节，培养学生的道德观和审美情趣。对于更具挑战性的教学目标，教师甚至可以创作原创故事，确保教学内容具有针对性。

在讲述故事的过程中，教师的表达方式尤为关键。一个生动的故事讲述，需要教师通过声音的变化、面部表情的丰富和身体语言，来增强故事的表现力。例如，当故事情节紧张时，教师可以通过加快语速、降低声调来营造紧张气氛；在描述快乐的场景时，使用明亮的声音和笑脸可以让学生感受到情节的愉悦。适当的手势和动作不仅能帮助学生更好地理解故事内容，还能增加故事的趣味性，提高学生的参与度。

通过这种方式，故事讲述成为一种富有表现力的艺术形式，它不仅能够传递语言知识，还能够传达情感和文化。这种教学方法使得学习英语不再是单一的词汇记忆或语法练习，而是一种全方位的感官体验。学生在听故事的过程中，不仅能够学习到新的语言结构和词汇，还能够通过教师的表演感受到故事的情感，从而在无形中增强了英语表达能力。

总之，通过精心选择和生动讲述英语故事，故事讲述法为小学英语教学提供了一种有效的教学策略。它不仅能够吸引学生的注意力，激发他们的学习兴趣，还能够在愉悦的氛围中提升他们的语言能力，是一种既寓教于乐又高效的教学方法。

（三）互动环节

在故事讲述的教学过程中，引入互动环节不仅能够提高学生的参与度，还能够加深他们对故事内容的理解和记忆。通过设置悬念和提问，教师可以激发学生的好奇心和思考能力，鼓励他们主动探索故事的可能发展，从而在这个过程中加强对语言的理解和应用。

例如，教师可以在讲述故事的关键转折点时暂停，提出如"What do you think will happen next?"（你认为接下来会发生什么？）这样的问题，鼓励学生用英语进行讨论。这种方式不仅能够激发学生的想象力，还能够提供一个使用目标语言进行思维和表达的机会，促进学生英语口语能力的提升。

进一步地，通过设计与故事相关的角色扮演活动，学生可以亲身体验故事中的角色和情节，这种亲身体验能够让学生更加深刻地理解和记忆故事内容及其背后的语言知识。例如，在讲述一个关于冒险旅行的故事后，教师可以邀请学生扮演故事中的主要角色，重新演绎故事情节，甚至可以鼓励学生创作故事的不同结局，这样的活动能够极大地提高学生的创造力和参与感。例如，在教授家庭成员词汇时，利用一个关于家庭成员之间互动的有趣故事。故事中包含了大量的家庭成员称谓和日常动作的描述，让学生在轻松愉快的氛围中学习新词汇。通过故事，学生不仅扩大了词汇量，还加深了对家庭成员角色和家庭价值的理解。在故事讲述结束后，通过角色扮演活动，学生有机会实践故事中学到的知识点，进一步巩固了学习成果。

此外，重构故事情节或绘制故事情节图的活动也是非常有效的互动方式。教师可以要求学生根据记忆重述故事情节，或者以小组的形式讨论并绘制出故事的时间线和主要事件。这样的活动不仅能够帮助学生加深对故事结构的理解，还能够提升他们的团队协作能力和表达能力。

通过引入这些互动环节，故事讲述法变得更加丰富和多元，不仅使得英语学习过程充满乐趣，还在潜移默化中提升了学生的英语听力、口语、阅读和写作等综合语言能力。这种教学方法有效地将语言学习与思维训练、情感表达和创造性活动相结合，为学生提供了一个全面发展的平台。

综上所述，故事讲述法通过吸引学生的注意力、激发他们的想象力和创造力，有效地促进了小学生英语的学习和应用。通过精心设计的故事和有策略的互动环节，故事讲述法能够极大地提升小学生的英语学习兴趣和语言运用能力，是小学英语教学中的重要方法。

三、角色扮演法

角色扮演法是一种富有创意和互动性的教学策略，通过让学生在模拟的情境中扮演不同角色，以此来学习和实践语言。这种方法特别适用于小学英语教学，因为它不仅能够提高学生的语言实践能力，还能够激发他们的学习兴趣，增强学生的社交能力。

（一）定义与特点

角色扮演法通过创设特定的情境，让学生扮演其中的角色，进行模拟对话或情境反应。这种方法的核心价值在于其高度的互动性和实践性，能够让学生在实际情境中运用所学语言。此外，角色扮演还能够促进学生对英语语言文化背景的理解和认识，增强跨文化交流能力。

（二）实施策略

在设计角色扮演活动时，教师首先需要根据教学内容挑选或创作合适的英语故事或情境，确保活动内容与语言学习目标相匹配。这一步骤至关重要，因为一个好的故事或情境不仅能激发学生的兴趣，还能为小学生语言学习提供一个自然而真实的语境。接着，进行角色分配，尽可能考虑到学生的个性和兴趣，让每个学生都能在活动中找到适合自己的角色，以增加参与度。这意味着教师需要对学生有足够的了解，包括他们的性格特点、喜好以及他们可能在哪些类型的角色中表现得更好。

情境创设也十分关键。教师可以利用教室资源，如道具、图片或音乐等，营造一个逼真的语言使用环境。例如，如果故事发生在餐厅，教师可以布置一角作为餐厅，使用桌子、椅子、餐具作为道具，甚至可以播放背景音乐，以增强情境的真实感。这样的环境设置能够帮助学生更容易地融入角色，促进他们的语言实践和沟通。

在活动开始前，教师需要明确语言目标，指导学生在角色扮演中应使用的关键词汇、句型和语言结构，确保活动能够达到预期的教学效果。这一步骤不仅涉及对学生的直接教学，还包括为学生提供一些辅助材料，如角色卡片，上面写有角色的基本信息、可能会使用的关键句子和词汇。

此外，教师应鼓励学生在活动中尽量使用英语进行交流，即使是在准备阶段也是如此。这可以通过设置规则来实现，比如，在活动时间内只允许使用英语。为了进一步提升学生的语言能力，教师可以在活动后组织一个反馈环节，让学生分享他们的体验，教师则提供改进建议和反馈，强化学习成果。

综上所述，角色扮演活动是一种有效的语言教学方法，它不仅能够增加学生的参与度，还能提供一个实用的语言使用环境，帮助学生在实际交流中学习和应用英语。通过精心设计的故事或情境、合理的角色分配、逼真的情境创设以及明确的语言学习目标，教师可以最大化角色扮演活动的教学效果。

（三）促进沟通

角色扮演活动为学生提供了一个自由表达和交流的平台，让他们使用英语进行沟通和互动。在扮演的过程中，学生不仅需要用英语与他人沟通，解决问题，还要根据情境调整语言和行为，这种情境式的语言练习能够显著提升学生的口语表达能力和听力理解能力。例如，当学生扮演顾客和服务员的角色时，他们需要使用恰当的礼貌用语和请求表达，通过这样的实践，学生能够更自然地掌握日常对话中的语言技巧。

同时，通过与同伴的互动，学生能够学习如何在社交情境中适当地运用语言，提高社交能力和团队合作精神。这种互动不仅限于完成特定的任务或解决问题，还包括如何倾听他人，表达支持或反对，以及在团队中发挥领导作用或配合他人。这些技能在现实生活中极为重要，而角色扮演活动提供了一个练习和提升这些能力的平台。

进一步而言，通过扮演来自不同文化背景的角色，学生有机会探索和理解多元文化的视角和价值观，这对于培养他们成为全球公民具有重要意义。例如，在扮演与特定文化相关的角色时，学生需要研究该文化的社交习惯和交流方式，从而增进对不同文化的理解。

此外，角色扮演活动还激发了学生的创造力和想象力。在创设角色和情境时，学生需要思考角色的背景故事、性格特征以及他们如何与故事中的其他角色互动。这不仅促使学生运用和扩展他们的语言知识，还鼓励他们以创造性的方式进行思考和表达。

总之，角色扮演活动通过提供一个模拟的社交环境，不仅帮助学生提升英语语言技能，还提高了他们的社交能力、团队合作能力以及创造力。这种综合性的学习方法使学生能够在实践中学习和成长，为他们未来的学术和职业生涯奠定坚实的基础。角色扮演法在小学英语教学中是一种极具价值的教学方法。它通过模拟真实的情境，为学生提供了一个既能够有效学习语言，又能够增进文化理解、提升社交能力的学习环境。通过精心设计的角色扮演活动，教师可以引导学生更加积极主动地参与英语学习。

四、教学资源与材料的深化利用

在当今的教育环境中，教师拥有多种多样的资源和材料，可以用来丰富课堂教学，特别是在故事讲述和角色扮演的活动中。

1. 图书

图书是传统而强大的教学资源。教师可以精选与课程主题相关的图书，用于故事讲述。这些图书不仅可以作为故事的来源，还可以提供丰富的视觉材料，帮助学生更好地理解故事情境和角色。为了更深入地利用图书资源，教师可以引导学生讨论故事中的主题、角色发展以及情节结构，甚至鼓励学生基于书中的故事创作续集或改编故事。

2. 在线视频

在线视频是一种动态的教学工具，可以用来丰富故事的背景信息或提供具体的角色扮演示例。教师可以挑选适当的视频资料，展示不同文化的故事讲述方式，或者介绍特定的历史事件和人物，这些都可以作为角色扮演活动的背景材料。在线视频还可以提供关于非语言交流（如肢体语言和面部表情）的教学，帮助学生在角色扮演中更真实地表达自己。

3. 教育类应用程序

随着技术的发展，各种教育应用程序为教学提供了新的可能性。利用这些应用，教师可以找到适合故事讲述和角色扮演的互动活动，如角色扮演游戏、故事创作工具和语言学习软件。这些应用不仅能激发学生的学习兴趣，还可以提供个性化的学习体验，让学生在模拟的环境中练习语言和社交技能。例如，一些应用允许学生创作自己的故事，并为故事中的角色配音，这种活动可以极大地提高学生的创造力和语言能力。

4. 跨学科整合

利用教学资源和材料进行故事讲述和角色扮演时，教师还可以尝试跨学科整合，将语言学习与历史、文化、艺术等其他学科内容相结合。例如，通过探索不同文化中的传统故事，学生不仅可以学习语言，还可以增进对这些文化的理解。同时，结合艺术活动（如绘画、戏剧和音乐），学生可以从多个角度体验和表达故事内容。

通过深化利用现有的教学资源和材料，教师不仅能够丰富故事讲述和角色扮演的教学内容，还能创造一个更加互动、多元和有趣的学习环境，促进学生的全面发展。这种教学方法鼓励学生主动探索和学习，培养他们的批判性思维、创造力和沟通能力。

五、教师角色

（一）教师的角色定位

在故事讲述和角色扮演的教学活动中，教师扮演着多重角色，既是活动的设计者和组织者，也是引导者和参与者，甚至有时还是评估者。每一种角色都对活动的成功发挥着关键作用，同时，通过有效地收集和利用学生反馈，教师能够进一步优化教学方法，提升教学效果。

1. 教师作为设计者和组织者

教师在语言教学中扮演着至关重要的角色，尤其是在设计和组织故事讲述及角色扮演活动时。为了确保教学活动既富有吸引力又具有教育价值，教师必须细心规划每一个细节，从活动的设计到执行，都需要教师的专业知识和创造力。

2. 教师作为引导者

教师在语言学习活动中扮演引导者的角色，对学生的学习过程和语言技能的提高起着至关重要的作用。通过有效的引导，教师可以帮助学生深入理解活动的内容，激发他们的思考和讨论，从而促进语言能力的全面发展。

3. 教师作为参与者和评估者

教师的参与可以极大地丰富教学活动，使其更加生动和有效。同时，通过细致的观察和评估，教师能够获得学生学习的信息，以支持学生的个性化学习需求和进步。

（二）学生反馈

为了提升语言教学质量和效果，收集和分析学生的反馈十分重要。以下是如何深化和扩展反馈收集方法，以优化教学方法和活动的具体建议。

1. 学生直接反馈

教师可以在活动结束后立即进行口头询问，获取学生的反馈。为了获得更深入和具体的反馈，教师还可以设计问卷调查，包括开放式和闭合式问题。这些问题旨在探索学生对活动的整体满意度、学习到的内容、参与感受以及他们认为哪些方面可以改进。通过对这些反馈的分析，教师可以识别成功的元素和需要改进的地方，为未来持续改进教学活动打下基础。

教师可以利用数字平台和应用程序来收集学生的反馈，例如使用在线调查工具或学习管理系统（LMS）。

2. 教师观察并获得反馈

在活动中，教师可以使用观察记录表来详细记录学生的参与程度、互动情况和实际面临的挑战。这些记录应注重学生的非语言表达、合作能力以及创造性思维的展现。教师可以安排时间让学生在小组内进行讨论，分享他们在活动中的体验和观察。同侪评价也是一个有价值的反馈渠道，学生可以从同伴那里获得不同的视角和建议。

3. 成果反馈的利用

通过仔细评估学生在活动中创作的成果，如录像、写作或艺术作品，教师不仅可以了解学生对于英语的理解和表达能力，还可以评价他们的创造性和语言运用水平。教师可以选择优秀的学生作品展示给全班，此外，这些作品可以存档，在未来作为教学案例启发其他学生。组织一个经验分享会议，邀请学生分享他们的作品和学习经历。这样的会议不仅促进了学生之间的交流，也为教师提供了观察和了解学生深层学习过程的机会。

通过上述扩展的反馈收集方法，教师能够从多个角度获取学生的反馈，更全面地了解教学活动的效果和学生的学习需求。这样的深入了解使教师能够更精准地调整教学策略，创造更有效、更互动、更具个性化的学习环境。

通过综合这些反馈信息，教师能够更好地理解学生的学习需求和偏好，从而调整和优化教学方法和活动设计，最终提升教学效果，增强学生的学习动力并提高学生参与度。这种持续的反馈循环是提高教师教学质量和学生学习成绩的关键。

六、结论

故事讲述和角色扮演在小学英语教学中十分重要。通过这些互动式的学习方法，学生不仅能够提高语言能力，还能增强他们的英语听力、说话、阅读和写作能力。这些方法使学生能够在享受乐趣的同时学习英语。通过故事讲述，学生可以接触到丰富的词汇和不同的语法结构，同时加深对不同文化的理解。角色扮演则通过模拟现实生活情境，鼓励学生主动使用英语进行沟通和表达。

教师在应用这些方法时应该注意根据学生的实际需求和兴趣进行调整和创

新。每个学生的学习方式、兴趣点以及语言水平都是不同的，因此，教师需要灵活运用故事讲述和角色扮演，确保教学内容既能吸引学生的兴趣，又能满足他们的学习需求。这可能意味着选择学生感兴趣的故事主题，或者设计能够激发学生积极参与的角色扮演活动。

此外，随着教育技术的发展和教学资源的丰富，教师有更多的机会将新的工具和策略整合到故事讲述和角色扮演中。教育工作者可以通过参加专业发展工作坊、阅读相关的教学研究，或者与同行交流分享经验，来获取新的教学思路。

综上所述，故事讲述和角色扮演是小学英语教学中的重要形式。通过灵活运用这些方法，并持续探索和创新，教师可以有效地激发学生的学习兴趣，促进学生的语言发展，帮助他们在愉快的学习氛围中掌握英语。

第三节　多媒体与信息技术的运用

在 21 世纪的教育领域，多媒体与信息技术的重要性不容忽视。这些技术的改变了教育的方式和方法，尤其在小学英语教学中发挥了重要作用。随着技术的不断进步和教育需求的改变，利用多媒体和信息技术成为激发学生学习兴趣和提高教学效果的有效策略。

多媒体与信息技术通过提供丰富的视听材料，如动画、视频、音频和交互式软件，极大地丰富教学内容和手段。这些工具不仅能够吸引学生的注意力，还能以生动活泼的方式展示英语的实际用途，使学生能够在具体、情境化的环境中学习英语。例如，使用动画故事和歌曲可以帮助学生以自然而有趣的方式学习新的单词和语法结构；而交互式软件则能够提供个性化学习体验，让学生根据自己的进度和兴趣进行学习。

此外，信息技术的使用还为教师和学生之间以及学生之间提供了全新的互动平台。通过在线论坛、博客和社交媒体，学生可以更轻松地分享自己的想法和作品，获得即时反馈。

一、多媒体教学资源的应用

在当今的教育环境中,多媒体教学资源已成为一种不可或缺的工具,尤其是在小学英语教学中。这些资源通过结合文字、声音、图像、动画和视频等多种媒介,为学生提供了一个多维度的学习体验。下面,我们将深入探讨多媒体教学资源的定义与特点、资源的选择与制作,以及这些资源在教学实施中的具体应用方法。

(一)定义与特点

多媒体教学资源是指在教学过程中使用的包含至少两种以上信息载体的教材和工具,如视频、音频、动画等。这些资源有多样性、互动性和可视性等特点。多样性意味着它们可以包含多种形式的信息,如文字、图像和声音,从而为学生提供丰富的学习材料。互动性允许学生通过点击、拖动等操作与内容进行互动,增加学习的趣味性。可视性则是通过图形和动画等视觉元素,帮助学生更好地理解和记忆教学内容。

(二)资源的选择与制作

在当今多元化的教学环境中,多媒体教学资源已成为提高学习效率和学生参与度的关键工具。教师在选择或制作这些资源时,必须细致考量几个重要因素以确保资源的有效性和适用性。

首先,资源的适龄性是选择教学材料时必须考虑的首要因素。教师需要确保所选材料适合学生的年龄段,内容既不过于简单,也不应超出学生的理解范围。适龄的材料可以帮助学生更好地连接现有知识和新学习内容,从而提高学习效率。

其次,教学目标的明确性对于选择多媒体资源同样至关重要。教师需要根据课程目标筛选或设计资源,例如,在听力理解训练中,可以选用包含生动对话和情景反应的音频材料,这些材料不仅能够吸引学生的兴趣,还能有效提高他们的听力技能。

学生的兴趣和学习需求也是选择多媒体资源时不可忽视的重要方面。选择或制作与学生兴趣相符的材料能够极大地提升学生的学习动力。例如,利用学生喜欢的动漫角色或流行歌曲来介绍新词汇或语法点,可以使学习过程更加生动有趣，增加学生的参与感。

在自制资源方面，虽然可能需要额外的时间和技术投入，但自制的教学资源能够更加贴合具体的教学需求和学生的学习兴趣。教师可以创造性地设计课堂活动，如通过自制教学动画来解释复杂的语法规则，或录制课堂视频以便学生复习。互动游戏和练习不仅可以增加课堂的趣味性，还能鼓励学生积极参与学习过程，提高他们的综合语言应用能力。

总之，教师在利用多媒体教学资源时应充分考虑其适龄性、教学目标及学生的兴趣和需求，灵活选择多媒体资源，最大化其教学效果。通过精心设计的多媒体教学活动，教师不仅能够提升学生的学习兴趣和参与度，还能有效促进学生各项英语技能的发展。

（三）教学实施

1. 听力训练

听力训练是学习任何语言的基本技能之一。通过使用英语原声视频和音频材料，学生可以在接近真实的语言环境中练习听力。例如，观看英语新闻片段、电影预告片或听原版英文歌曲，不仅可以提高学生的听力理解能力，还能增加他们对不同语言环境下词汇的敏感性和理解深度。此外，这种方法还可以让学生了解语言的文化背景，增强他们学习语言的兴趣。

2. 词汇学习

词汇学习是语言学习的基石。通过动画和图片来展示单词含义，可以使学生更容易记忆新词汇。使单词与其含义之间的直接关联，有助于学生在记忆中形成更强的联想，从而提高记忆效率。此外，一些互动式词汇学习软件或网站能够通过游戏和测验等形式，使学习过程变得更加有趣，进一步增强学生的学习动力。

3. 语法教学

语法教学通常被认为是英语学习中比较枯燥和复杂的部分。然而，通过使用多媒体资源，如自制或精选的教学视频来解释语法规则，可以大大提升学生对语法知识的理解。视频中结合实例的解释可以使原本抽象的语法规则变得直观易懂。动画或图表的使用更是可以清晰地展示句子结构和语法用法，帮助学生在脑海中构建起准确的语法框架。

总之，通过精心选择和制作，以及在教学中灵活运用多媒体教学资源，可以大大提高小学英语教学的质量和效果。这些资源不仅可以激发学生的学习兴趣，还可以帮助他们以更高效和有趣的方式掌握英语。

二、信息技术工具的运用

在现代教育中，信息技术工具的引入已经极大地丰富了教师的教学手段和方式，特别是在小学英语教学领域。这些工具不仅提高了学生的互动性和参与度，而且促进了师生之间以及学生之间的合作与交流。以下是对互动学习平台、在线协作工具以及虚拟现实（VR）和增强现实（AR）技术在英语教学中应用的详细探讨。

（一）互动学习平台

互动学习平台，如 Kahoot! 和 Quizlet，已经成为现代英语教育中重要的平台，尤其在英语教学领域中。这些平台通过提供有趣且充满挑战的学习环境，极大地提升了学生学习英语的主观能动性。利用这些工具，教师能够以游戏化的方式进行教学，既增强了学生的学习动力，又提高了他们的参与度和互动性。

Kahoot! 是一个允许教师创建实时测验的平台，学生可以使用自己的设备参加竞赛，答题过程中的即时反馈不仅让学生获得即时的成就感，还激发了他们的竞争意识和团队合作精神。这种形式的学习使得复习和巩固英语知识变得既轻松又愉快。通过竞赛，学生能够在实践中深化对语言知识的理解和应用，同时，教师也能即时了解学生的学习状况，及时调整教学策略。

Quizlet 通过闪卡、学习模式、写作练习和匹配游戏等多种学习方式，支持学生以个性化的方法学习词汇和语法规则。这种多样化的学习模式能够满足不同学生的学习偏好，帮助他们在不同的语境中应用所学知识，从而提高学习效果。例如，通过使用闪卡，学生可以在短时间内大量接触新词汇，并通过重复记忆来加深印象；匹配游戏则让学生在游戏的过程中加强对词汇和语法的理解和记忆。

这些平台的互动性和游戏化特征使学习过程变得更加有趣，有效地提升了学生的主动学习意愿。通过参与这些活动，学生不仅能够在轻松的环境中学习英语，还能培养自主学习的能力和提高解决问题的技巧。此外，这种互动式学习还促进了学生之间的沟通和合作，为他们提供了一个分享知识和相互学习的平台。

（二）在线协作工具

在线协作工具，如 Google Docs 和 Padlet，极大地促进了学生之间以及师生间的交流与合作。通过使用这些平台，学生们可以在一个互动和协作的环境中更有效地学习和运用英语。

1. Google Docs 的应用

使用 Google Docs，学生们能够在同一文档上实时共享和编辑信息，这对于团队项目和小组作业来说是一个极大的优势。例如，在撰写团队报告或共同创作故事的过程中，每位组员都可以贡献自己的部分，同时看到其他人的进度和贡献。这种实时的互动不仅加强了学生之间的沟通，也使得教师能够实时跟踪学生的工作进度，并提供即时的反馈和指导。这种即时反馈机制是传统课堂所无法比拟的，它可以帮助学生及时了解自己的学习成果和需要改进的地方，极大提高了学习效率。

2. Padlet 的运用

Padlet 则提供了一个更加开放和灵活的平台，学生可以在平台上发布他们的英语作文、项目展示或任何学习成果。这个平台的开放性鼓励全班学生参与评论和讨论，为英语学习提供了一个互动丰富的社区环境。通过这种方式，学生不仅可以展示自己的工作，还能从同学的反馈中学习，同时也能通过评论他人的工作来提高自己的批判性思维能力和英语表达能力。

3. 培养关键技能

通过这种类型的在线协作和互动，学生不仅提高了他们的英语写作和交流能力，还在合作的过程中学习了如何有效地共享信息、解决问题和共同完成任务。这种学习方式培养了学生的团队合作精神和批判性思维能力。

总之，在线协作工具如 Google Docs 和 Padlet 不仅改变了学生学习英语的方式，也为师生提供了一个互动和协作的新平台。通过这些工具，英语教学不再局限于传统的教室环境，而是扩展到了一个更加广阔的空间，极大地提升了学生的学习体验和教学效果。随着教育技术的不断发展，更多工具将进一步被挖掘，为学生提供更多学习英语的新机会。

（三）虚拟现实（VR）和增强现实（AR）

虚拟现实（VR）和增强现实（AR）技术在教育领域的应用正变得日益广

泛，尤其是在语言学习，特别是英语学习中，它们提供了一种全新且革命性的方式来加深学生的学习体验。通过创造一个沉浸式的学习环境，这些技术能够带给学生前所未有的文化体验，极大地提高学习英语的乐趣。

1. VR 技术在英语学习中的应用

VR 技术通过创建一个全新的三维世界，让学生能够沉浸在一个完全模拟的环境中，这个环境可以是一个国外的街道、商店、博物馆，甚至是一个完全虚构的场景。学生可以在这样的环境中与虚拟角色进行互动，用英语沟通。例如，学生可以在虚拟的购物中心中询问价格，讨价还价，或在虚拟的英语课堂中与其他虚拟学生进行小组讨论。这种互动不仅使学生能够在真实情境中应用英语，还能提高他们对语言的反应速度和适应能力。

2. AR 技术增强现实学习体验

与 VR 技术不同，AR 技术通过在现实世界中增加虚拟元素来丰富学习体验。学生可以通过智能设备的摄像头扫描图书、图片或其他触发器，观看与之相关的英语教学视频或动画。这种技术的应用使得学习内容与现实世界紧密结合，增加了学习的互动性和趣味性。例如，学生可以通过扫描地标的图片来观看介绍该地标历史和文化的英语视频，这种方式不仅让学生学到了新的语言知识，还能增加他们对世界各地文化的了解。

3. 提高实际应用能力

VR 和 AR 技术的最大优势在于它们能够提供生动、真实的语言和文化体验。这不仅让学习过程变得更加生动有趣，还帮助学生以更自然和直观的方式理解语言和文化，从而提高了语言学习的实际应用能力。通过模拟真实的交流情境，学生能够更好地准备在真实世界中使用英语进行沟通。

总之，通过有效地运用互动学习平台、在线协作工具以及 VR 和 AR 技术，使英语教学变得更加生动有趣。这些工具不仅激发了学生的学习兴趣和参与度，还促进了学生之间的合作，为他们提供了沉浸式的语言和文化学习体验。随着技术的不断进步和教育理念的更新，这些信息技术工具将在教育领域发挥越来越重要的作用。

三、教师的角色与能力发展

在当今这个技术快速发展的时代,教师在教育过程中的角色发生了显著变化。不仅需要掌握传统的教学技能,还需要具备将多媒体和信息技术资源有效整合到教学中的能力。这一转变要求教师不断发展自身的技术整合能力,并致力于持续学习与更新自身知识,以确保教学方法既现代又有效。

(一)技术整合能力

有效整合多媒体和信息技术资源到教学中的能力,对于现代教师来说是一项关键技能。这不仅包括了解和使用各种教学软件和工具的能力,还包括能够评估这些技术工具在特定教学环境中的适用性和有效性。教师要能够选择最合适的工具来支持学习目标,创造丰富的学习经验,并促进学生的参与和互动。

此外,技术整合能力还包括能够设计和实施有效的教学策略,将这些技术工具融入课程中,以增强学习体验。这可能涉及创建互动课件、利用在线协作平台进行小组项目,或者使用虚拟现实工具来提供沉浸式学习体验。教师需要能够灵活运用这些技术,以满足不同学习风格和需求的学生。

(二)持续学习与更新

随着技术的不断进步,新的教学工具和资源也在不断涌现。为了保持教学方法的现代性和有效性,教师需要致力于不断地学习和更新。这意味着教师需要主动探索和尝试新的技术,参加专业发展培训,阅读相关的教育技术文献,以及参与教育技术社区或论坛。

持续学习还包括对如何在教学中有效利用这些工具的理解。通过学习,教师可以了解到如何提高学生参与度、促进学生深度学习以及支持个性化学习的最佳实践。此外,持续更新教学方法也能帮助教师更好地适应教育领域的变化,满足学生的需求,并提高教学质量。

综上所述,技术整合能力和持续学习是现代教师成功的关键。通过发展这些能力,职前全科教师不仅能更有效地利用技术资源丰富教学内容,还能保持教学策略的更新,确保学生能够在一个动态且支持性的学习环境中成长和成功。

四、学生参与与互动

在现代教育实践中，创造一个以学生为中心的学习环境是至关重要的，它鼓励学生主动参与学习过程，从而提高学习效率和效果。多媒体和信息技术的使用为实现这一目标提供了丰富的资源和工具，它们能够显著增强课堂的互动性和学生的参与度。以下探讨如何通过这些技术手段促进学生中心的学习环境和提升课堂互动性。

（一）学生中心的学习环境

利用多媒体和信息技术可以创建一个以学生为中心的环境，这样的环境支持和鼓励学生根据自己的兴趣和节奏进行探索和学习。例如，通过在线学习平台和教育应用，学生可以访问各种互动课件和学习材料，这不仅包括传统的文字和图片，还有视频、动画、模拟实验和游戏等多种形式。这样的多样化内容可以满足不同学生的学习风格和需求，使学生能够以最适合自己的方式进行学习。

此外，信息技术还使得个性化学习成为可能。通过智能学习系统和应用，教师可以根据学生的学习进度和表现，提供定制化的学习路径和资源，进一步促进学生的主动学习和自我驱动。

（二）提升互动性与参与度

多媒体和信息技术的运用显著提升了课堂的互动性和学生的参与度。互动学习平台如 Kahoot! 和 Quizlet 允许学生通过游戏化的测验和活动参与课程学习，这种形式不仅使学习过程更加有趣，还促进了学生之间的竞争和合作，增加了课堂的动态互动。

在线协作工具如 Google Docs 和 Padlet 为学生提供了一个平台，让他们可以在项目和任务中相互合作和交流。这种类型的工具不仅增强了学生的社交互动，还培养了团队合作和沟通能力，这对于学生未来的学习和职业生涯是重要的。

最后，虚拟现实（VR）和增强现实（AR）技术创造了沉浸式学习体验，使学生可以通过模拟真实场景进行语言学习，增加了学生对学习内容的兴趣和参与度。

总之，多媒体和信息技术的应用不仅为学生提供了丰富多彩的学习资源，还创造了互动和参与的学习环境。这些技术的使用鼓励学生的主动学习，增强了他们的学习动力和参与感,是现代教育实践中不可或缺的一部分。

五、结论

随着科技的迅速发展,多媒体与信息技术已经成为小学英语教学重要的组成部分。这些技术的引入不仅极大地丰富了教学手段,还为学生提供了更加生动和互动的学习体验。通过使用视频、音频、动画、互动游戏等多媒体资源,教师能够以更加吸引人的方式呈现教学内容,有效提高学生的学习兴趣和动力。同时,信息技术工具如在线协作平台、虚拟现实(VR)和增强现实(AR)技术,进一步拓展了学习的边界,使学生能够在沉浸式环境中实践英语沟通,深化对语言和文化的理解。

这些技术的广泛应用不仅提升了教学质量,还改善了学生的学习体验。在多媒体和信息技术的支持下,英语学习变得更加灵活多样,学生可以根据自己的兴趣和学习速度选择最适合的学习方式。此外,技术的应用还促进了学生之间的互动与合作,为他们提供了展示自己的平台,增强了学生的参与感和成就感。

因此,职前全科教师持续探索和利用新兴的教育技术是非常必要的。随着技术的不断进步,新的教学工具和资源将不断涌现,为教育提供更多可能性。教育工作者应积极参与专业发展培训,学习如何有效地整合这些新技术到教学中,创新教学方法,以更有效地促进小学生的英语学习。只有不断地探索和创新,才能充分发挥技术在教育中的潜力,帮助学生在愉悦的氛围中掌握英语,为他们的未来学习和生活打下坚实的基础。

第四节 评价与反馈机制

在小学英语教学中,评价和反馈十分重要,它们不仅是衡量学生学习成果的重要工具,也是促进学生语言学习进步的关键因素。通过有效的评价和及时的反馈,教师能够帮助学生明确当前的学习水平,识别学习中的问题,增强学生的学习动机,有针对性地改进和提高学生的英语语言能力。

评价与反馈的重要性不仅在于它们能够为学生提供学习的即时回应和支持，还在于通过这一过程，学生能够及时进行自我调整并提高自主学习的能力。在小学阶段，学生正处于语言学习的关键期，有效的评价和反馈可以极大地提高学生对英语学习的兴趣和自信，为他们的长期语言发展奠定坚实的基础。

一、评价方法

在小学英语教学中，评价是一个多维度的过程，涉及形式性评价、非形式性评价和持续性评价等多种方法。这些评价方法各具特点，能够从不同角度和层面反映学生的学习状况，为教师提供全面的教学反馈，进而调整教学策略，提升教学质量。

（一）形式性评价

形式性评价通常指的是在教学周期的特定时点进行的正式评估，如期中考试、期末考试和标准化测试等。这类评价的设计和实施需要严格遵循教学大纲和学习目标，以确保评价内容的覆盖面和深度。在小学英语教学中，形式性评价主要用于评估学生对英语知识和技能的掌握程度，如词汇量、语法规则、阅读理解能力和写作技巧等。

实施形式性评价时，教师需要设计包含各种题型的测试题，如选择题、填空题、翻译题和作文题，以全面考查学生的英语能力。同时，为了保证评价的公正性和有效性，教师应提前向学生明确考试的评分标准和期望目标，让学生对评价有清晰的预期，从而更有针对性地进行复习和准备。

（二）非形式性评价

非形式性评价则更加灵活和多样，它包括教师的日常观察、口头报告、同伴评价和自我评价等方法。这类评价着重于评估学生的学习过程和学习态度，强调学生在学习活动中的主动参与和互动表现。通过非形式性评价，教师可以及时了解学生的学习需求和问题，进而提供个性化的指导和支持。

例如，通过观察学生在小组讨论中的表现，教师可以评估学生的口语交流能力和团队合作精神；通过口头报告，教师可以了解学生的语言组织能力和表达能力；同伴评价和自我评价则能够评估学生的批判性思维能力和自我反思能力。

（三）持续性评价

持续性评价是指在整个教学过程中持续进行的评价，它旨在跟踪学生的学习进展，及时发现学习中的问题，调整教学策略和学习计划。持续性评价强调评价与教学的密切结合，通过不断收集学生的学习信息，教师可以提高教学的灵活性。

持续性评价通常包括定期的学习检查、作业评估和进度反馈等。这种评价方式能够为教师和学生提供及时的学习反馈，帮助学生认识到自己的成长和进步，激发学习的积极性，同时也为教师提供了调整教学内容和方法的依据。

总之，形式性评价、非形式性评价和持续性评价在小学英语教学中各司其职，相互补充。通过有效结合和应用这些评价方法，教师可以更全面地了解学生的学习情况，促进学生的英语学习进步，提升教学质量。因此，教育工作者应持续探索和利用这些评价工具，创新教学方法，以更有效地支持小学生的英语学习。

二、反馈类型

在小学英语教学中，有效的反馈机制对于促进学生的语言学习进步至关重要。通过即时反馈、定期反馈以及多元化反馈的综合应用，教师能够构建一个支持性的学习环境，鼓励学生积极参与英语学习。

（一）即时反馈

即时反馈指的是教师在课堂教学或学习活动中对学生表现的立即响应。这种反馈的重要性在于它能够及时纠正学生的错误，确认学生的成功，从而增强学生的学习动力和自信心。例如，当学生在口语练习中正确使用了新学的词汇或语法结构时，教师的即时肯定能够鼓励学生继续努力；同样，当学生发音不准或使用错误时，教师的纠正可以帮助学生立即改正，避免固化错误。即时反馈使学生能够在实践中快速学习和调整，是提高学习效率的关键。

（二）定期反馈

定期反馈通过定期会议、学习报告等方式实现，旨在帮助学生和家长了解学生的学习进展和成绩。与即时反馈相比，定期反馈提供了更全面的学习评估，包括学生在一段时间内的学习成果、参与度、努力程度以及需要改进的地方。例如，教师可以在学期中和学期末通过家长会或学习报告的形式，与学生和家长分享学生的学习情况，讨论学生的优点和进步空间。定期反馈不仅使家长了解孩子在学校的学习状况，还能与教师共同制定支持学生学习的策略。

（三）多元化反馈

考虑到学生的需求和偏好差异，提供多元化反馈是非常必要的。多元化反馈可以是口头的、书面的或利用数字工具进行的，以适应不同学生的学习风格。例如，对于那些口头交流能力较强的学生，教师可以通过课堂上的即时口头反馈来指导学习；而对于那些书面表达能力较强或更喜欢独立学习的学生，书面反馈或通过电子邮件、学习管理系统发送的反馈可能更为有效。此外，利用数字工具如在线评价系统，教师可以提供更个性化、互动性更强的反馈，如视频反馈、互动评论等。

总之，有效的反馈机制是小学英语教学中不可或缺的一部分。通过即时反馈、定期反馈以及多元化反馈的运用，教师不仅能够及时指导和激励学生，还能够根据学生的个别差异提供个性化的支持。因此，教育工作者应持续探索和利用各种反馈策略，创新教学方法，以更有效地支持小学生的英语学习。

三、教师与学生的互动

在教育过程中，建立积极有效的师生互动是提升学习成效的关键。特别是在小学英语教学中，教师与学生之间的互动不仅限于传授语言知识，更重要的是构建一种积极的反馈文化，通过这种文化来鼓励学生尝试、接受错误，并从中学习和成长。

（一）构建积极的反馈文化

积极的反馈文化是指在课堂上营造一种鼓励尝试和容忍错误的氛围，这种文化认为错误是学习过程的自然部分，是学生成长和进步的重要推动力。在这种文化中，教师鼓励学生大胆发言，即使是用英语表达不完全准确，也应给予肯定和鼓励，而不是直接批评。通过这种方式，学生能够在不害怕犯错的环境中尝试使用新学的语言，从而增强他们的语言实践能力和自信心。

为了构建这样的课堂文化，教师需要在课堂上明确表达对学生尝试的欣赏和对错误的宽容态度。在反馈时，教师可以采用具体、积极的语言，强调学生的进步和努力，同时提供建设性的建议，帮助学生理解如何改进。这种积极的反馈方式能够激发学生的学习动机，促进他们在英语学习上的持续努力。

（二）促进师生互动

通过及时、恰当的反馈，教师不仅可以指导学生的学习方向，还可以了解学生的学习需求和问题，从而更好地调整教学策略和内容。同时，通过反馈，学生也能够感受到教师的关注和支持，这种感受能够增强学生与教师之间的信任和尊重，建立起更紧密的师生关系。

为了有效地利用反馈促进师生互动，教师可以采取多种方式和渠道进行反馈，如口头反馈、书面评论、数字工具反馈等。在反馈过程中，教师应确保反馈是双向的，鼓励学生提出问题、分享感受和建议，实现师生之间的互动和沟通。此外，教师还可以通过小组讨论、角色扮演等活动，促进学生之间的互动，借此机会提供集体反馈，进一步激发课堂的活力和学生的参与度。

总之，通过构建积极的反馈文化和利用反馈促进师生互动，教师可以有效提升小学英语教学的质量和效果。在这一过程中，教师不仅是知识的传授者，更是学生学习过程中的引导者和伙伴，共同促进学生在英语学习旅程中的成长和成功。

四、家长的参与

家长的参与在小学英语教学过程中扮演着至关重要的角色。家校之间的合作不仅能帮助家长了解孩子在学校的学习情况，还能促进家长在家中更有效地支持孩子的英语学习。通过建立开放、正向的沟通渠道，教师可以与家长共享学生的学习评价和反馈，同时提供实用的指导建议，共同促进学生的语言学习和发展。

（一）家校沟通

家校沟通的渠道多样化，可以包括家长会议、电子邮件、学习管理系统等方式。定期举行的家长会议是传统而有效的沟通方式，教师可以在会议中向家长介绍课程目标、教学方法和学生的学习进展，同时解答家长的疑问，讨论学生的学习需求和改进策略。现代技术，电子邮件和学习管理系统成了更加便捷的沟通工具，教师可以通过这些平台实时分享学生的学习成果、课堂表现和反馈信息，让家长更直观地了解孩子的学习状况。

此外，利用学习管理系统（如 ClassDojo 或 Seesaw），教师和家长可以实现有效沟通。这些平台允许教师上传学生的作业、评价和学习资源，家长可以随时查看，并与教师进行即时沟通交流。通过这种方式，家校之间建立了一个持续的、双向的沟通渠道，有助于家长更好地参与到孩子的教育过程中。

（二）家长指导

为了让家长在家中有效地支持孩子的英语学习，教师可以提供专门的反馈和建议。这些建议可以包括如何创建一个有利于英语学习的家庭环境、如何利用日常生活中的场景练习英语、推荐适合孩子阅读的英语书籍和资源等。教师还可以教授家长一些简单有效的英语教学方法，比如通过唱英文歌曲、看英语动画片或进行家庭角色扮演游戏来激发孩子的学习兴趣。

同时，教师可以鼓励家长与孩子一起参与英语学习活动，如定期举行的家庭英语之夜，家长和孩子可以一起观看英语电影、进行英语话题讨论或参与英语游戏。这种共同参与的活动不仅能增强家庭成员之间的互动，也能提高孩子的英语学习积极性和效果。

总之，家长的积极参与是促进小学生英语学习成功的关键因素。通过有效的家校沟通和家长指导，教师和家长可以共同为孩子创造一个支持性强、鼓励探索的学习环境，帮助孩子在英语学习的道路上稳步前行。

五、结论

评价与反馈机制在小学英语教学中扮演着至关重要的角色，对于提升学生的学习动力、促进学生的学习进步以及加强师生家长之间的沟通都有着不可替代的贡献。通过有效的评价与及时、建设性的反馈，教师能够为学生的学习过程提供必要的指导和支持，帮助学生明确学习目标，认识到自己的进步和需要改进的地方，从而激发他们对英语学习的兴趣和热情。

通过定期和不定期的评价，教师可以跟踪学生的学习进展，及时发现并解决学习中的问题。同时，采用多种形式的反馈方式，如口头反馈、书面评论或利用数字工具，可以满足不同学生的需求和偏好，使每位学生都能从中受益。此外，将家长纳入反馈循环，通过家校沟通分享学生的学习情况和进展，不仅能够增强家长对孩子学习的支持和参与，也能进一步加强家校之间的合作，共同促进学生的学习和成长。

在小学阶段，英语学习是一项长期且复杂的过程，需要教师、学生和家长的共同努力和支持。持续、多样化的评价与反馈机制是这一过程中的关键，它不仅能够确保教学活动的有效性和针对性，还能够为学生创造一个鼓励探索、容错学习的环境，从而促进小学生英语能力的全面发展。因此，教育工作者应不断探索和实践更有效的评价与反馈策略，以更好地支持和促进小学生的英语学习。

第五章 职前全科教师的英语教学能力培养

第一节 语言技能与教学方法培养

一位掌握扎实英语技能的教师，能够准确无误地传达知识，激发学生的学习兴趣，同时也能有效地解答学生的疑问，帮助他们克服学习过程中的困难。此外，优秀的语言能力还能使教师更自信地授课，这种自信会传递给学生，进而提高他们的学习积极性。随着科技的进步和教育理念的更新，传统的教学方法已经不能完全满足现代教育的需求。职前英语教师需要不断探索和尝试新的教学策略，如利用多媒体教学、游戏化学习、情境教学等，来提高学生的英语学习兴趣。通过这些方法，可以让学生在轻松愉快的环境中学习英语，更好地培养他们的语言运用能力和跨文化交流能力。

一、语言技能的培养

在语言学习的过程中，听力技能占据了非常重要的地位。它不仅是学生接触外语的第一步，也是在真实环境中有效沟通的关键能力。通过锻炼和提高听力技能，学习者能够更好地理解语言的真实用途，从而加深学生对语言结构和文化的理解。

（一）听力技能

听力影响着学习者的发音、词汇积累、语法理解以及口语和写作能力。良好的听力技能使得学习者能够在日常对话、电影、音乐、新闻和学术讲座中，有效地捕捉信息，从而提升语言的综合应用能力。其中听原声材料、参与听力理解活动、模仿和跟读以及日常沉浸式学习是四种极其有效的方法。

1. 听原声材料

利用原生语言材料是提高语言学习者听力和文化理解能力的重要手段。播客、电影、电视剧和 TED 演讲等丰富的资源不仅提供了真实的语言环境，而且包含了各种生活情境下的实用词汇和表达方式。这种方式的学习不仅仅是对语言知识的积累，更是一种文化背景的深入理解，让学习者增强对语言使用情境的感知，使语言学习变得更为生动和有趣。

2. 参与听力理解活动

通过参加听力理解活动，学习者能够在实践中检验自己对听力内容的把握情况。这些活动，如填空、选择题或简答题，旨在训练学习者的细节捕捉能力和理解能力。此外，听后复述所听内容的练习不仅能够帮助学习者加深对材料的理解，还能有效地锻炼和提升他们的口语表达能力。这种主动输出的过程，是巩固学习成果和提高语言运用能力的关键。

3. 模仿和跟读

模仿和跟读是语言学习中一种自然而有效的方法。通过模仿原声材料中的句子或段落，学习者能够直接学习到语音语调的自然规律，更准确地掌握语言的发音和节奏。这种方法不仅帮助学习者改善发音，还能提高他们的听力理解能力，因为能够准确模仿的前提是深入理解所听内容的意义和情感。

4. 日常沉浸式学习

将语言学习融入日常生活，通过听音乐、观看新闻或与母语人士进行交流等方式，是提高学习效率的有效策略。这种日常沉浸式学习能够极大地增加语言接触的频次，帮助学习者在不经意间吸收和运用新知识。更重要的是，这种方法能够让学习者在真实的语言环境中使用语言，加速适应语言的过程，提高语言运用能力。

总之，通过上述四种方法，可以帮助学生在多个层面提升语言能力。这不仅包括听力和口语，还包括对文化背景的理解和语言的实际应用能力。为了适应教育的不断变化和学生需求的多样化，教师应积极采用这些方法寻求专业成长的机会。

（二）口语技能

对职前全部教师的口语交流能力的培养是十分重要的。它不仅能够帮助学习者在实际情境中更加自信地表达，而且能增强理解他人的能力。语言学习不仅关乎词汇和语法的掌握，更重要的是能够在今后教学中灵活运用。

（三）阅读技能

在语言学习中，利用多样化的阅读材料不仅能够提升学习者的阅读理解能力，还能够丰富他们的语言经验，增强语言感知能力。故事书、诗歌和短文作为阅读材料，各自以其独特的方式促进职前全科教师的语言学习。

（四）写作技能

在语言学习中，写作是提升表达能力和整合语言知识的关键环节。通过不同形式的写作练习，如日记和简短报告，学习者不仅能够提高写作技能，还能培养一系列跨学科的能力。

撰写简短报告是提升学习者写作能力的有效方法。通过对自己阅读的书籍、观看的电影或参与的活动进行总结和评价，学习者可以练习如何组织文章结构，如何使用恰当的语言和风格清晰、准确地传达信息。这种写作活动要求学习者进行材料的选择和信息的提取，进而通过自己的视角和语言对内容进行解读和表达，这不仅能够提高他们的信息处理能力，还能够锻炼他们的批判性思维和创造性写作能力。简短报告的撰写过程还涉及对所学知识的回顾和应用，促进了学习者对知识的深化理解和长期记忆。此外，通过分享和讨论自己的报告，学习者还可以获得宝贵的反馈，进一步提升写作水平。

总之，通过日记和简短报告这类写作活动，学习者不仅可以在语言技能上得到提升，还能在观察、分析和批判性思维等多方面能力上获得发展。

二、教学方法的发展

随着教育理念的不断进步和科技的迅速发展，教学方法正经历着一场深刻的变革。这一变革不仅涉及教学技术的更新，还包括教学理念的革新，旨在更好地适应当代学生的学习需求和未来社会的挑战。

（一）传统与现代教学方法的融合

传统教学方法，如讲授法和书面练习，长期以来一直是教育实践的主流。这些方法侧重于教师的中心地位，强调知识的传授。然而，它们往往忽略了学生实际操作的重要性，限制了学生创造性和批判性思维能力的发展。尽管这种方式在一定程度上保证了教学的系统性和条理性，但却很容易导致学生的被动接受，缺乏足够的互动和沟通机会，从而影响学习的深度和广度。

近年来，随着教育理念的更新，项目式学习、协作学习等现代教学方法开始得到广泛应用。这些方法强调学生中心，鼓励学生通过合作、探索和实践来学习。这种教学模式的优势在于，它能够激发学生的学习兴趣，增加学生之间的互动，促进知识的深入理解和应用。在英语教学中，这意味着通过小组项目、角色扮演和互动式讨论等方式，使学生能够在真实或模拟的语境中使用英语进行沟通，从而提高其语言实际应用能力。例如，通过项目式学习，学生可以组队共同研究一个主题，通过英语收集信息、讨论和展示结果，这样不仅提高了他们的英语技能，还增强了团队合作和问题解决能力。

总之，随着教育理念的演变和技术的发展，现代教学方法如项目式学习和协作学习越来越受到重视，这些方法通过提高学生的主动参与度和实践机会，有助于学生全面发展语言技能、创造性思维和批判性分析能力。

（二）技术在教学中的应用

多媒体工具和信息技术的应用改变了英语教学的传统模式，为教师和学生带来了前所未有的便利。利用平板电脑、智能白板等现代教学工具，教师能够将枯燥的语法讲解转化为富有吸引力的视觉呈现，通过集成音频、视频和图像等多媒体材料，使学习内容变得更加丰富和多元化。这种多媒体集成的教学方式不仅能够激发学生的学习兴趣，还能够帮助他们更好地理解和记忆新知识，尤其是在词汇学习和语言实际运用方面。

随着教育应用程序、在线课程平台的快速发展，英语学习变得更加灵活和个性化。学生可以通过这些在线资源随时随地进行自主学习，无论是重温课堂上的内容，还是探索自己感兴趣的新话题，都能够找到适合自己的学习材料和活动。例如，通过参与在线讨论论坛或博客，学生不仅能够加强写作和表达能力，还能够接触到不同文化，从而增进文化理解和跨文化交流能力。

此外，信息技术的应用还极大地促进了学生之间以及师生之间的互动交流。通过智能白板和在线合作工具，教师可以设计更加互动和合作的学习活动，如小组项目、角色扮演等，这些活动不仅能够提高学生的参与度和学习动力，还能够培养他们的团队协作和问题解决能力。同时，通过国际交流项目和在线语言伙伴计划，学生有机会与全球学习者进行交流和合作，这不仅能够提高他们的英语水平，还能够拓展他们的国际视野。

（三）创造性思维与批判性思维的培养

英语教学的核心目的不仅仅局限于语言知识的传授，更是一个全面培养学生思维能力的过程。在这个过程中，通过巧妙设计各类活动如批判性阅读、辩论等，教师可以显著提升学生的创造性和批判性思维能力。这类活动的设计旨在鼓励学生提出质疑，挑战现有观点，并鼓励他们提出创新性见解。这不仅促进了学生的独立思考，还激发了他们的创新潜能。

例如，在批判性阅读活动中，教师可以引导学生分析和评价阅读材料中的论点和论据，鼓励学生识别文中可能的偏见或逻辑漏洞，从而培养学生的分析能力。在辩论活动中，通过围绕某一具体主题或问题的正反两方立场进行辩论，学生不仅能锻炼自己的语言表达能力，还能在交流中学会如何构建有力的论证，以及如何批判性地分析对方的观点。解决问题的活动则要求学生运用所学知识，在具体语境中寻找创新的解决方案，这种活动能够有效地提高学生的应用能力和创新思维。

为了更有效地培养学生的思维技能，教师在设计教学活动时需考虑多个方面。其一，教师需要深入了解学生的学习需求和水平，确保活动内容既能够吸引学生的兴趣，又具有适当的挑战性。其二，活动设计应注重问题的开放性和探索性，通过合理设置问题情境和任务要求，引导学生主动探索，深入思考。此外，教师还应鼓励学生之间的互动和合作，利用小组讨论或合作项目等形式，增强学生之间的交流和思想碰撞。

（四）文化意识与跨文化交际

在英语教学中融入目标语言文化是极为关键的，它不仅能够显著提升学生的语言能力，更重要的是能够提升学生对语言背后文化的理解和认知能力。通过对英语国家的历史、文化、习俗、价值观等方面的学习，学生能够在学习语言的同时，深入了解和理解这些文化元素如何影响语言的使用，从而在语言学习中获得更加丰富和深刻的体验。此外，这种文化的融入不仅仅限于知识的积累，更在于通过文化的理解，培养学生的跨文化交际的敏感性和适应性，使他们能够在不同文化背景下有效地沟通和交流。

为了更好地培养学生的跨文化交际能力，教师可以采用多种教学活动和方法。例如，通过文化比较的方式，让学生探索和比较自己国家的文化与英语国家文化之间的异同，这种比较不仅能够增进学生对外国文化的理解，还能促使学生反思自身文化的特点和价值。文化交流项目，如与英语国家的学生进行视频会议、学生互访等，能够让学生直接参与跨文化交流，体验不同文化背景下的交流方式。此外，跨文化角色扮演活动通过模拟不同文化背景下的交际情景，让学生亲身体验在跨文化环境中沟通的挑战和乐趣，从而有效提高其跨文化交际能力。

通过上述方法的实施，英语教学能够更好地适应当代学生的学习特点和社会的发展需求。这种以学生为中心，强调文化融入和跨文化交流的教学方法，不仅能够提升学生的语言技能，更能够促进学生的全面发展。总之，将目标语言文化融入英语教学是一种高效且必要的教学策略，它能够极大地丰富教学内容，提高教学效果。

三、结论

本节从语言技能的培养与教学方法的发展两个方面探讨了小学英语教育的关键要素。通过分析我们可以看到，语言技能的培养与教学方法的选择和应用之间存在着相互依存性，两者共同对小学英语教育的效果产生重大影响。

首先，针对语言技能听、说、读、写的培养是小学英语教育的核心目标。为了有效地达成这一目标，教师需要采用多样化的教学方法，如融合传统与现代教学手段、利用技术工具和资源以及通过各种互动活动培养学生的创造性和批判性思维能力。这种方法的多样性不仅能够满足不同学生的学习需求，还能激发学生的学习兴趣，提高其学习效率。

同时，教学方法的创新和应用也需依赖于对语言技能的深入理解。只有深刻理解语言学习的本质和学生学习过程中的具体需求，教师才能设计出既有助于语言技能培养，又能促进学生全面发展的教学活动。因此，教学方法的发展不仅需要教育理论的支持，还需要教师对实践经验的不断反思和创新。

此外，持续学习与专业发展在小学英语教师的职业生涯中至关重要。随着教育理论的更新和教育技术的进步，教师需要不断学习新的知识和技能，以适应教学实践的变化。这不仅包括掌握最新教学方法，还包括对文化、心理学以及技术等相关领域的深入了解。通过持续的专业发展，教师能够提高自己的教学质量，更好地满足学生的学习需求，促进学生的全面发展。

总之，语言技能的培养与教学方法的发展是小学英语教育中不可分割的两部分，它们相互依存、相互促进。通过不断探索和实践，结合持续的学习和专业发展，小学英语教师可以为学生提供更有效、更有趣的学习经验，为他们的未来学习和工作打下坚实的基础。

第二节　文化意识与跨文化交际能力培养

文化意识在培养跨文化交际能力中扮演着至关重要的角色。它不仅涉及对不同文化习俗和行为模式的认知，更重要的是要对这些差异的尊重和理解。小学教师需要具备文化意识与跨文化交流能力。

一、文化意识的含义与重要性

文化意识指的是个体对自己和他人文化背景的认识、理解和尊重。在语言教学中，这一概念尤为重要，因为语言不仅仅是词汇和语法的集合，更是文化的载体。通过语言，我们能够深入了解一个国家的历史、习俗、价值观和社会行为准则。因此，文化意识的培养不仅有助于学生掌握语言本身，更能使他们在使用语言时，能够恰当地理解和表达，避免文化冲突和误解。

对于小学生而言，英语学习不只是学习一个新的交流工具，更是一个认识世界、拓宽视野的过程。在这个过程中，文化意识的培养尤为关键。小学阶段的学生正处于形成价值观和认知世界的关键期，他们对于新鲜事物充满好奇，也更加开放和接受。通过在英语学习中融入文化元素，如国家节日、历史故事、日常生活习惯等，教师不仅能够激发学生学习英语的兴趣，更重要的是能够帮助他们建立跨文化交流的桥梁，学会从不同的文化视角看待问题。

此外，教师需要具备文化意识以促进小学生对不同文化的了解。通过了解不同文化背景的人们是如何思考和行动的，使学生能够具备同理心和尊重多样性的能力。

二、跨文化交际能力的构成

跨文化交际能力是指在不同文化背景下进行有效沟通的能力。在全球化日益加深的今天，跨文化交际能力成为人们社交、学习和工作中不可或缺的一部分。

1. 语言技能

语言技能是跨文化交际能力的核心基础，涵盖听、说、读、写四个方面。有效的语言沟通技能能够确保信息的准确传达和接收，是进行跨文化交流的基本前提。在掌握语言技能的过程中，教师不仅要学习语言本身的词汇和语法，更要理解语言在不同文化背景下的使用习惯和含义。

2. 非语言理解

非语言交流，包括肢体语言、面部表情、姿态以及眼神交流等，在跨文化交流中的作用不可小觑。它们往往能够传递出语言无法表达的意思，或是强化、补充口头语言的信息。然而，不同文化对于非语言符号的理解可能大相径庭，错误的解读非语言信息可能会导致交流的失败。因此，教师学习和理解不同文化中非语言交流的含义，十分有必要。

3. 文化适应能力

在跨文化交流过程中，个体需要具备良好的文化适应能力，能够灵活地调整自己的行为和思维模式，以适应不同的文化环境。这不仅包括对新文化价值观、习俗和行为准则的学习和理解，更包括对这些文化差异的尊重和接纳。文化适应能力的培养，有助于个体更好地融入新的文化环境，建立和谐的跨文化关系。

4. 开放性和灵活性

有效的跨文化交际需要个体具有开放的思想。开放性意味着愿意接受和理解与自己文化背景不同的观点和行为，而灵活性则是指在面对跨文化交流中的不确定性和差异时，能够灵活调整自己的交际策略和行为。这两种能力共同作用，使个体能够在多元文化的环境中有效沟通和适应。

5. 批判性思维能力

批判性思维能力在跨文化交际中同样重要。它能够帮助个体识别文化中的偏见和刻板印象，避免因这些偏见而产生的误解和冲突。通过批判性地分析和评估跨文化交流中的信息，个体可以更加客观、理性地处理文化差异，促进跨文化理解和尊重。

综上所述，跨文化交际能力的培养是一个多方面的过程，它要求个体不仅要有扎实的语言技能，还需要具备非语言理解、文化适应能力、开放性和灵活性以及批判性思维能力。通过综合培养这些能力，教师可以更有效地针对跨文化交流进行授课，促进学生对不同文化间的理解。

三、小学英语教师培养中的挑战

在当今全球化的背景下，跨文化交际能力的培养成为教育领域的一项重要任务，尤其是在小学英语教学中。因此，需要培养小学英语教师具备相关的能力。然而，在培养小学英语教师这种能力的过程中面临着不少挑战，这些挑战既包括教学内容和方法的更新，也包括教师个人能力的提升方面。

1. 教材内容

目前广泛使用的英语教材内容往往强调语言知识，如语法规则、词汇积累等，而对于跨文化交流方面却显得不足。尽管一些教材尝试通过提供文化背景信息来弥补这一缺陷，但这些信息往往呈现出碎片化的特点，未能与语言学习内容有效整合。

2. 环境限制

部分小学英语教师缺乏在多元文化环境中的生活或学习经历。若教师本身对跨文化交际的重要性认识不足，或缺乏相应的跨文化交际技能，将难以有效地引导和激发学生在跨文化交际能力上的发展。

加强对教师的跨文化交际能力培训，需要为教师提供更多的在多元文化环境中学习和实践的机会，以提升他们的跨文化理解和教学能力，从而更好地满足职前全科教师在小学英语教学时培养学生跨文化交际能力方面的需求。

四、职前全科教师培养策略

在全球化日益加深的当今社会，培养学生的文化意识和跨文化交际能力成为教育领域的重要任务。

持续的学习和专业发展不仅是全科教师职业生涯的一部分，更是其提升跨文化教学能力、适应教育变革的必经之路。在全球化日益加深的当今社会，教师面临着日益复杂的教学挑战，特别是在培养学生跨文化交际能力方面。因此，职前全科教师需要通过多种方式不断更新和提升自己的教学理念和技能。

1. 参加继续教育课程、工作坊和研讨会

参加相关的继续教育课程、工作坊和研讨会是教师专业成长的重要途径。这些活动不仅提供了学习新教学方法和内容的机会，更重要的是，促进了教师对跨文化交际理论和实践策略的深入理解。通过这些活动，职前全科教师可以与同行交流经验，讨论教学中遇到的问题和挑战，共同探索有效的教学解决方案。这种互动和分享不仅能够激发教师的教学灵感，还能够帮助他们提升专业能力。

2. 阅读最新的教育研究和加入专业社群

持续关注和阅读最新的教育研究是教师专业发展的另一个重要方面。通过阅读专业期刊、教育博客和书籍，教师可以了解到教育领域的最新发展趋势、教学理念和研究成果。此外，加入教育专业社群和论坛，可以使教师有机会与国内外的教育工作者进行交流和讨论，分享教学心得和经验，获取实践灵感。这些活动不仅有助于教师拓宽知识视野，更能够提升他们在跨文化教学方面的理论和实践能力。

3. 参与国际教育交流项目

参与国际教育交流项目是扩展教师国际视野和文化知识的有效方式。通过这些项目，教师可以亲身体验不同的教育系统和文化环境，与不同文化背景下的教师和学生直接交流，深入了解不同国家的教育理念和文化特点。这种亲身体验不仅能够促进教师个人的文化敏感性和适应性的提升，还能够使他们在回到本国的教学实践中，将所学的跨文化交际理论和策略更有效地应用到教学中，从而更好地指导和激励学生。

综上所述，通过参加继续教育课程、工作坊和研讨会，了解最新的教育研究、加入专业社群，以及参与国际教育交流项目等多种方式，教师可以不断提升自己的跨文化教学能力。这不仅有利于教师个人的专业成长，更能够有效促进学生的跨文化交际能力的发展。

第三节　创新思维与教学设计能力培养

教学设计能力与创新思维之间存在着紧密的联系。一方面，具备创新思维的教师能够设计出既符合教学目标又能激发学生创造力的课程，这些课程往往不拘泥于传统教学模式，而是融入了项目式学习、合作学习和问题解决等多种教学方法。另一方面，有效的教学设计又能够促进和培养学生的创新思维，当学生在学习过程中遇到开放式问题，被鼓励进行探索和创造时，他们的思维方式自然而然地变得更加灵活和创新。

因此，教师创新思维和教学设计能力的结合不仅能够提升教学质量，更能够影响学生的学习态度和能力发展。在小学英语教学中，通过创新的教学设计引导学生主动学习，探索语言背后的文化，运用语言进行创造性表达，对于培养他们成为具有国际视野的公民具有重要价值。

一、创新思维的定义及其在教学中的重要性

创新思维，通常指的是对现有知识、概念、规则或实践进行重新组合、扩展或颠覆的能力，从而产生新的思想、解决方案或创造性成果。在教育教学中，创新思维体现在教师设计课程内容和教学方法时的创造性和原创性，以及在引导学生思考、解决问题和表达自己时的开放性和灵活性。它鼓励学生跳出传统思维模式的限制，探索多种可能的解决方案，培养他们的批判性思维和自我表达能力。

在小学英语教学中，创新思维的培养尤为重要。通过创新的教学方法和活动，如角色扮演、故事创作、话剧表演等，教师可以有效激发学生学习英语的兴趣。这种学习方式不仅让学生在愉悦的氛围中学习，还能够帮助他们更好地理解语言在实际生活中的应用，增强学习的主动性和积极性。

二、教学设计能力的含义与组成

教学设计是指教师在进行教学活动前，对教学目标、内容、方法、手段以及

评价方式进行科学规划和合理安排的过程。这一概念强调的是一种有目的、有计划、有组织的教学活动的准备工作，旨在通过有效的设计达到最优的教学效果。教学设计的重要性在于它能够确保教学活动能够系统化、条理化进行，同时能够有效地促进学生的学习和认知发展。

1. 课程目标设定

教学设计能力的第一步是明确教学目标。这包括对学生通过学习应达到的知识掌握程度、技能运用能力和情感态度等方面的具体要求进行准确界定。课程目标的设定应符合学生的实际情况和需求，同时要有助于推动学生的全面发展。

2. 教学方法选择

基于教学目标的设定，教师需要选择合适的教学方法。这要求教师能够灵活运用多种教学方法，如讲授法、讨论法、合作学习、项目式学习等，以适应不同的教学内容和学生的学习特点。教学方法的选择不仅要能够促进学生知识的吸收，更要能激发学生的思考和创造性。

3. 教学活动安排

教学活动的设计和安排是教学设计能力的核心。这包括如何在课堂上组织和实施各种教学活动，以及如何通过这些活动有效地达成教学目标。教学活动的设计需要考虑学生的参与度和互动性，鼓励学生主动学习，通过实践操作、小组合作、角色扮演等方式，让学生在实际操作中理解和掌握知识。

4. 评价与反馈

有效的教学设计还包括对学生学习效果的评价与反馈。这既包括对学生学习成果的量化评价，也包括对学习过程的定性反馈。通过合理的评价机制，教师可以了解教学活动的效果，及时调整教学策略，同时也可以帮助学生了解自己的学习情况，促进学生的自我反思和学习策略的调整。

总之，教学设计能力是教师实现教学目标、提升教学质量、促进学生全面发展的关键。它要求教师不仅要有扎实的专业知识，还需要具备创新思维和灵活应变的能力，以及对学生学习特点和需求的深刻理解。通过有效的教学设计，教师可以为学生创造一个富有挑战性、促进学习和发展的教学环境。

三、提升教学设计能力的方法

（一）系统性教学设计培训

参加系统性的教学设计培训是职前全科教师专业发展过程中的一个重要环节，对于提高职前全科教师的教学设计能力具有重要意义。这种培训通过深入探讨当代教学理念、先进的教学方法、最新的学习科技以及有效的课程评估技巧等内容，为教师提供了一个全面提升教学设计理论基础和实践技能的机会。

1. 教学理念和方法的更新

系统性的教学设计培训能够帮助职前全科教师深化对现代教学理念的理解。在这种培训中，职前全科教师可以学习到以学生为中心的教学理念，如探究式学习、合作学习以及问题解决学习等，这些理念强调学生在学习过程中的主动性和参与度。通过理解和实践这些理念，教师能够设计出更加高效、吸引人的教学活动，激发学生的学习兴趣和潜能。

2. 整合信息技术到课程设计

随着信息技术在教育领域的广泛应用，学习如何有效地将这些技术整合到课程设计中成为教师必须掌握的重要技能。系统性的教学设计培训通常会包括如何使用多媒体工具、在线学习平台以及虚拟现实技术等内容，帮助职前全科教师掌握使用这些工具增强课程互动性和趣味性的方法。通过这样的学习，教师不仅能够丰富教学手段，还能够为学生提供更加多元化和个性化的学习体验。

3. 学生中心的教学策略

针对教师系统性的培训还会强调以学生中心的教学策略，指导职前全科教师如何根据学生的需求和学习特点设计课程。这包括学习如何收集和分析学生的学习数据，如何根据学生的反馈调整教学计划，以及如何为不同水平的学生提供适当的支持和挑战。这样的策略能够帮助教师设计出更加个性化、适应性强的课程，有效提高学生的学习效果。

总之，通过参加系统性的教学设计培训，教师不仅能够提升自己的教学设计理论知识和实践技能，还能够根据当代教育理念和学生的实际需要，设计出更加有效、互动性强且富有创新性的课程，从而提高教学质量，促进学生的全面发展。

（二）案例分析与反思

学习教学案例，无论是成功还是失败的，对于职前全科教师来说都是一种极具价值的学习和成长方式。通过深入探讨具体的教学情境，职前全科教师能够获得直接且具体的实践经验，这对于提高教学质量和促进专业发展具有重要意义。

1. 深入反思与总结

案例分析的过程中，最关键的是引导职前全科教师对实习工作进行深入的反思和总结。这一过程不仅包括对教学活动的回顾，还包括对学生反应的观察和分析，以及对教学结果的评估。通过这种全面的反思，职前全科教师可以更清楚地认识到自己教学设计的优点和存在的问题，理解不同教学策略在实际应用中的效果如何，以及这些策略如何影响学生的学习过程和结果。

2. 识别教学设计的优点和不足

以一个关于如何有效管理课堂的案例为例，分析这一案例不仅可以帮助教师认识到特定策略在控制课堂秩序、提高学生参与度等方面的成功经验，还可以揭示某些方法未能达到预期效果的原因。这可能包括教师的指令不够清晰、课堂活动缺乏吸引力、学生之间的互动不够频繁等问题。通过识别这些问题，教师可以进一步思考如何调整教学策略，以更有效地满足学生的学习需求和提高课堂效率。

3. 调整和改进教学设计

基于案例分析的反思和总结，职前全科教师可以有针对性地调整和改进自己的教学设计。这包括但不限于优化教学活动的结构和内容、改进课堂管理策略、采用更有效的学生激励手段等。通过这些具体的调整，职前全科教师能够更好地迎合学生的学习需求，提高课堂管理的效率，从而创造一个更加积极、互动和高效的学习环境。

总之，通过分析教学案例并进行深入的反思和总结，职前全科教师不仅能够积累宝贵的实践经验，还能够不断优化自己的教学方法，提高教学质量。这种基于实际案例的学习和改进过程，是教师专业成长的重要途径之一，有助于教师更好地应对教学中的挑战，促进学生的全面发展。

（三）同伴互助与协作

1. 同伴观摩的价值

职前全科教师通过观摩正式工作的教师课堂，能够直接了解到他们在教学过程中运用的不同策略和方法。这种面对面的学习经历不仅有助于教师获取新的教学灵感，还能激发他们对自己教学方式的反思和创新。观摩过后，可以进行交流讨论，提供和接受建设性的反馈。这种互动促进了教师之间的沟通和理解，帮助他们从不同的角度审视自己的教学实践。

2. 团队协作项目的优势

通过参与团队项目，教师能够共享各自的教学资源、教案设计和经验心得。这种共享不仅减少了重复工作的负担，还丰富了每位教师的教学内容和方法。在团队协作中，教师们共同面对挑战，共同寻找解决方案。这种共同的努力和探索过程加强了团队凝聚力，促进了个体与团队的共同进步。

3. 教师研讨会和工作坊的重要性

定期举行的教师研讨会和工作坊提供了一个专业的交流和学习平台。教师们可以分享自己的教学案例，讨论教学中遇到的问题和挑战。这些活动鼓励教师们探索和尝试新的教学设计和方法，从而推动教学创新。专家引导的工作坊还能帮助教师获取最新的教育理念和技术，提高教学设计的质量和有效性。

同伴互助不仅是提升教学设计能力的有效途径，更是建立教师专业共同体的基石。通过同伴观摩、团队协作以及定期的专业研讨，教师们可以在互助合作的环境中不断学习、成长和创新，共同提升教学的质量和效果。

总之，通过参加系统性教学设计培训、进行案例分析与反思，以及加强同伴互助与协作，教师可以有效提升自己的教学设计能力。这不仅有助于提高教学质量，更能够促进学生的学习兴趣和学习成效，从而实现教学和学习的最佳效果。

四、结论

创新思维与教学设计能力是提升小学英语教育质量的关键因素。这两方面的能力不仅能够激发学生的学习兴趣，提高学习效率，还能够促进学生的全面发展，为他们适应未来社会的需求打下坚实的基础。因此，教师持续地发展创新思维和教学设计能力尤为重要。这不仅有助于提升教学质量，更能够对未来的教育产生深远的积极影响，培养出更多具有创新精神和国际视野的优秀学生。教师作为教育的直接实施者，其专业成长与创新能力的提升，是推动教育进步和社会发展的重要力量。

第四节 反思实践与持续专业发展

在实习过程中，反思实践是提高教学质量和促进职前全科教师个人专业成长的重要环节。通过反思，职前全科教师能够深入分析自己的教学方法，从而发现教学过程中的优点和不足。这一过程不仅帮助职前全科教师调整和优化教学策略，以更好地应对学生的需求，还促进了职前全科教师对教育理念和教学实践的深入理解，从而实现持续的专业发展。

反思实践的概念涉及职前全科教师在教学活动前、中、后对自己的教学行为进行系统的思考和评价。这种自我评估的过程使得教师能够从实践中学习，不断提高教学技能和理论知识。对于小学英语教师而言，反思实践特别重要，因为它不仅涉及语言教学的具体技巧，还包括对学生语言习得过程的理解以及如何在多元文化背景下进行有效教学的考量。通过定期的反思实践，小学英语教师能够不断提升自己的教学水平，更好地激发学生的学习兴趣，促进学生的全面发展，同时也为自己的职业生涯积累宝贵的经验。

一、反思实践的理论基础

反思实践是教育领域一个深具影响力的概念，它指的是教师对自己的教学行为、策略和学生的学习反应进行系统性的思考、评估和分析的过程。这一概念起源于20世纪初，由约翰·杜威（John Dewey）提出，他认为反思是一种主动、持续和有意识的思考过程，是连接经验和理解的桥梁。随后，许多教育理论家和研究者，如唐纳德·舒恩（Donald Schön）进一步发展了这一概念，强调教师通过反思实践来提升其专业技能和知识水平，最终改进教学质量。

反思实践在教育领域的应用广泛，它不仅帮助教师识别和解决教学中的问题，还促进了教师对教学理论与实践的深入理解。在反思过程中，教师能够从自己的教学经验中吸取教训，形成更加有效的教学策略和方法。

反思实践是教师专业成长的关键过程，它包括多种形式，其中行动反思和协同反思是特别重要的两种方式。它们以不同的方式促进教师对自己的教学实践进行深入思考和持续改进。

1. 行动反思

行动反思强调在教学过程中的即时性反思和调整，它要求教师保持高度的警觉性，随时关注教学活动的进展和学生的反应。这种反思实践的核心在于"行动"和"反思"两个环节的密切结合。教师不仅要在教学过程中观察和分析，还要根据反思结果做出实际的教学调整。这可以是修改教学策略、改变教学方法、调整课堂管理技巧等，旨在实时提升教学效果和学生的学习体验。

行动反思使得教师能够快速适应教学环境的变化，及时解决教学中遇到的问题。通过持续的行动反思，教师能够在实践中不断学习和成长，提高自身的教学能力和专业素养。

2. 协同反思

协同反思通过教师之间的共同参与和交流，促进了教育经验和教学策略的共享。在这一过程中，教师不仅分享自己的成功经验，还要诚实地讨论自己在教学中遇到的困难和挑战。这种开放的交流氛围鼓励教师相互学习，从同行的反思和实践中获得灵感和策略。

协同反思的力量在于利用集体智慧，它帮助教师从更广阔的视角审视教学实践，发现问题的多种可能解决方案。此外，通过协作，教师能够建立起支持和信任的专业关系，这对于构建积极的教师社群文化至关重要。

3. 结合使用的价值

将行动反思和协同反思结合使用，能够为教师的专业成长提供更全面的支持。个人的即时反思帮助教师应对日常教学中的具体问题，而协同反思则为教师提供了一个交流和共同成长的平台。通过这两种反思实践的结合，教师不仅能够在个人层面上不断进步，也能够在集体层面上共同提高教学质量，最终实现教育改进的目标。

无论是行动反思还是协同反思，都对教学产生积极影响。它们不仅提升了职前全科教师的自我意识和自我效能感，还增强了职前全科教师的教学创新能力和解决问题的能力，为提高教育质量提供了有力支撑。通过定期和系统的反思实践，教师能够持续发展自己的专业技能，更好地满足学生的学习需求。

二、反思实践在教学中的应用

（一）个人反思

1. 自我审视的重要性

个人反思不仅是一种自我审视的过程，更是一种自我提升和实现教学创新的手段。

（1）自我认知的深化

个人反思使教师能够更深入地理解自己的教学风格、优势以及存在的不足。这个过程涉及对自身教学行为的观察、分析和评价。职前全科教师通过回顾自己实习期间的教学实践，包括教学方法的选择、课堂管理技巧、与学生的互动方式等，能够对自己的教学特点有更清晰的了解。

（2）教学策略的优化

个人反思还促进职前全科教师根据实习期间的教学活动和学生的反馈来调整教学策略。通过分析学生的学习效果、参与度以及反馈，职前全科教师能够识别出哪些教学方法最为有效，哪些地方存在不足，进而作出必要的调整。例如，如果学生对某个教学活动反响热烈，说明这种方法值得进一步采用和发展；相反，如果学生的学习效果不佳，职前全科教师则需要思考如何调整教学方法，以更好地满足学生的学习需求。

（3）持续的自我提升和创新

个人反思鼓励教师不断探索新的教学思路和创新方法。在反思的过程中，职前全科教师可能会意识到需要学习新的教育理论或尝试新的教学技术来提高教学效果。这种对自我提升和教学创新的追求是职前全科教师专业成长的驱动力，它促使职前全科教师持续寻求改进和完善，以实现今后教学质量的持续提升。

通过个人反思，教师能够建立起一种积极主动、持续学习和发展的专业态度。这有助于教师在职业生涯中实现个人的成长和满足。

2. 个人反思的方法

个人反思是每位教师专业成长路径中不可或缺的一部分。通过系统的方法记录和分析自己的教学经历，职前全科教师可以更有效地识别改进的机会，进而提升教学质量。以下是一些个人反思的具体方法。

（1）记录教学日记

教学日记是一种强有力的工具，能够帮助教师记录下每天的教学活动、教学方法、学生的反应以及个人的感受和思考。这些记录不仅包括成功的经验，也包括遇到的挑战和失败的教训，为职前全科教师提供了一个全面审视自己教学实践的窗口。

（2）定期深度反思

设定固定的时间周期，如每周或每月，对过去一段时间的教学经历进行深度反思。这个过程包括回顾教学日记，分析学生的学习效果，评价使用的教学方法的有效性，以及反思个人的教学态度和职业发展。通过这种定期的深度反思，职前全科教师可以更清晰地看到自己的成长轨迹，识别出需要改进的地方，以及发现自己的强项和潜能。

（3）总结经验和教训

在深度反思的过程中，将遇到的主要挑战、应对策略、成功经验和失败教训进行总结和归纳。这不仅有助于职前全科教师在未来的正式工作教学中避免同样的错误，也能够更好地利用自己的优势，创新教学方法和策略。

（4）设定未来教学目标和计划

基于深度反思的结果，职前全科教师应该为自己设定具体的教学目标和计划。这些目标可能涉及改进教学方法、增强学生互动、提升自身的专业技能，或者探索新的教学工具和资源。设定目标和计划不仅为教师的未来教学提供了方向，也是持续专业发展的动力源泉。

个人反思是教师不断自我提升、适应教育变革和满足学生需求的有效途径。持续的个人反思使教师能够在教学实践中不断成长，最终实现个人和职业的发展目标。

3. 反思转化为行动

职前全科教师通过反思可以识别实习时教学中的问题，例如学生在某一主题上普遍存在的困惑，或某些教学方法引起学生不适。一旦问题被识别，教师可以探索解决方案，比如调整教学方法、引入新的教学资源，或者修改课程结构。教师将反思得到的洞见转化为具体的教学改进措施，实施这些措施，并在后续的反思中评估这些变化带来的效果。

例如，教师可能在其教学日记中记录了引入小组讨论法的效果，包括学生的参与度、讨论的深度以及学生的学习成果。通过反思，教师可能意识到需要为小组讨论提供更清晰的指导或更有针对性的问题来激发学生的深度思考。

个人反思是教师专业发展中不可或缺的一部分。通过记录和反思教学实践，职前全科教师不仅能够提高自我认知，还能通过识别教学中的模式和问题，探索和实施有效的解决策略，从而持续提高教学质量和效果。

（二）团队合作

1. 集体反思的重要性

集体反思作为教师专业发展的一种重要形式，依托于团队合作，促进了教师间的开放性交流与合作精神。这种合作文化对于创建一个积极、支持性的工作环境至关重要，它鼓励教师们分享自己的经验、相互学习，以及协作解决教学过程中所遇到的问题。集体反思的实施不仅促进了教师之间的专业成长，还加强了团队的凝聚力和教育创新能力。

（1）促进开放交流

集体反思鼓励教师之间的开放交流，创建一个无障碍沟通的环境。在这样的环境中，教师可以自由地分享自己在教学中的成功案例和面临的挑战，而不必担心受到负面评价。这种交流方式有助于职前全科教师从正式工作的教师的经验中学习，拓展自己的教学视野。

（2）增进合作精神

通过集体反思，教师能够在团队合作的基础上共同探索更有效的教学策略。在讨论和分析教学实践的过程中，教师们可以集思广益，共同发现并解决教学问题。这种协作不仅解决了具体的教学难题，也加深了教师之间的相互理解和信任。

（3）丰富教学工具箱

与同事分享和讨论教学策略和经验，使教师能够接触到多样的教学方法和观点。这种多样性不仅丰富了教师的教学工具箱，也为教师提供了尝试新教学方法的灵感。从同事的成功和失败中学习，教师可以更好地评估不同教学策略的适用性和效果。

（4）激发创新

集体反思的过程能够激发教师尝试新教学方法。了解到同事的尝试和探索，特别是在遇到困难时所表现出的坚持和创新，可以鼓励教师勇于在自己的教学实践中进行创新尝试。这种勇气是推动教育创新和提升教学质量的重要动力。

通过集体反思，教师团队不仅可以共同提高教学质量和解决教学难题，还能在过程中构建一个互相支持和共同成长的专业社区。这样的社区对于促进职前全科教师的持续专业发展和激发教育创新具有不可估量的价值。

2. 集体反思的方式

定期组织的小组讨论、同伴观摩以及教学研讨会等活动，为教师提供了一个互相学习、共同成长的平台。这些活动不仅促进了教师之间的专业交流，还强化了团队的凝聚力，提升了教师的教学质量。

（1）小组讨论：促进知识共享与团队联系

通过定期举办的小组讨论，教师们聚焦于特定的教学主题，共享个人教学案例和经验，探讨各种教学策略的有效性。这样的讨论会激发职前全科教师思考，帮助他们从不同角度理解教学问题，从而寻找到更为创新和有效的解决方案。小组讨论不仅是知识共享的过程，也是加强团队内部联系的有效方式，促进了教师之间的相互理解和支持。

（2）同伴观摩：建立互信与学习

同伴观摩活动中，职前全科教师实地观察并体验正式工作的教师教学实践。这种直接的观察和体验不仅增进了教师之间的互信和尊重，也提供了宝贵的学习机会。通过观察同事如何应对教学中的实际问题、如何与学生互动，教师们能够获取新的教学灵感和策略。观摩后的反思讨论是这一过程的关键，它帮助教师们发现教学实践中的亮点和挑战，从而共同进步。

（3）教学研讨会：引入新知与创新

组织教学研讨会，邀请外部专家和学者分享最新的教学理论、研究成果和实践经验，为职前全科教师提供了一个学习新知识和方法的平台。这些活动使职前全科教师能够接触到教育领域的前沿动态，了解新的教学理念和技术。职前全科教师可以将研讨会中学到的新知识和方法应用到自己的教学实践中，创新和丰富教学内容，提升教学效果。

通过这些多样化的专业发展活动，职前全科教师不仅能够在个人层面获得成长和提升，还能够在团队层面实现知识共享和资源整合，共同推动教育教学的创新和改进。这种持续的专业发展过程对于提高职前全科教师的教学能力和学生的学习成效具有重要意义。

3. 集体反思促进成长

在集体反思的过程中，教师们可以分享自己教学实践中的成功案例。讨论教学中遇到的挑战和问题，教师们可以共同寻找解决方案，这种共同的努力不仅增强了团队的凝聚力，还提高了解决问题的效率和创新性。

团队合作中的集体反思作为一种强有力的专业发展工具，不仅促进了教师之间的合作与交流，还有助于拓宽职前全科教师的教学视野，为将来工作引入新的教学思想和方法。通过小组讨论、同伴观摩和教学研讨会等形式的集体反思，加强团队精神，促进职前全科教师个人成长。

（三）学生反馈

1. 学生反馈的重要性

学生反馈为教师提供了了解学生学习体验和需求的直接渠道。这些第一手资料对于评估教学内容、方法和课堂氛围的有效性至关重要。通过学生反馈，职前全科教师可以发现实习中教学设计和实施中的潜在问题，从学生的视角出发，考虑如何调整教学策略以提升教学效果。

2. 收集学生反馈的方法

通过设计调查问卷，教师可以收集学生对课程的综合评价，包括对教学内容、方法和课堂氛围的看法。这种方法可以获取量化的数据，有助于分析总体趋势。在课堂上安排时间进行开放式讨论，鼓励学生分享他们的学习体验和对课程的看法。这种即时反馈可以揭示学生的即时感受和想法。安排一对一的会谈可以让教师深入了解个别学生的具体需求和挑战，这种个性化的交流有助于建立师生间的信任和理解。

3. 处理学生反馈

根据学生的反馈，职前全科教师可以对实习期间的教学方法、教学内容安排或课堂活动进行调整，以提高教学质量和学生参与度。学生反馈可能指出课堂氛围的问题，如学生参与度低或不舒适的学习环境。教师可以采取措施创造一个更加包容和激励的学习环境。学生的反馈有助于教师识别不同学生的学习风格和需求，从而提供更加个性化的指导和支持。

4. 学生反馈与师生关系

对学生反馈的认真考虑和应用展现了教师尊重学生意见、关心学生学习的态度，有助于建立更积极的师生关系。鼓励学生反馈的文化能够促进师生之间的开放沟通，使学生感受到自己的声音被听到和重视，从而提高他们的参与感和归属感。

将学生反馈纳入教师的反思实践中是教学质量提升的关键。通过各种方法收集并处理学生的反馈，教师不仅可以更有效地识别和解决教学中的问题，还能够使师生关系更健康，营造一个支持性和互动性强的学习环境。这种以学生为中心的方法最终将促进学生的学习和整体参与。

三、持续专业发展的路径

(一)继续教育

1. 工作坊

工作坊提供了一个实践导向的学习环境，职前全科教师可以在这里学习并练习特定的教学策略或技能。例如，一个关于信息技术在教育中应用的工作坊可能包括如何使用特定软件进行在线教学的实践练习。在工作坊中，职前全科教师有机会得到来自领导者和同行的即时反馈和建议，这对于技能的改进和掌握至关重要。

2. 研讨会

研讨会聚集了来自不同背景和经验的教师，为职前全科教师提供了一个分享和探讨多样化教学方法和理念的平台。这样的多元化交流可以激发新的教学灵感，促进教师创新思维。研讨会也是建立专业网络和寻找未来合作伙伴的绝佳机会。与其他教育专业人士建立联系可以在未来的教学实践和研究中带来资源和支持。

3. 在线课程

在线课程允许职前全科教师根据自己的时间安排和学习速度进行自我学习，这种灵活性特别适合忙碌的教师。互联网上有大量教育资源和在线课程覆盖了从教学理论到具体教学技能的各个方面，教师可以根据自己的需求选择最合适的课程进行学习。

4. 如何选择合适的专业发展机会

职前全科教师应先明确自己希望提升的技能或知识领域，然后选择最能满足这些需求的发展机会。选择与个人学习风格相匹配的活动，例如，喜欢互动和实践的教师可能更倾向于参加工作坊，而喜欢自主学习的教师可能更适合在线课程。考虑到时间和经济成本，选择最实惠和高效的学习方式。

（二）教学实践的改进

1. 将理论应用于实践的策略

职前全科教师应寻找将新学理论与现有教学实践相结合的机会，识别哪些理论概念最适合当前的教学环境和学生的需求。例如，学习关于学生中心的教学方法后，教师可以设计更多的学生参与活动，如小组讨论或项目式学习。在全面应用新策略之前，先在小规模的课堂环境中尝试，观察学生的反应和学习成效。这种方法有助于职前全科教师评估理论在实践中的可行性，并作出必要的调整。

2. 持续的自我反思实践

职前全科教师应定期评估实习期间教学实践的效果，这可以通过学生的成绩、学生和同事的反馈以及自我评估的方式进行。反思的过程应包括对哪些策略有效、哪些需要改进的深入分析。保持教学日志记录下每次课程的策略、学生的反应和教师的观察。这些记录随时间积累，将成为反思和调整教学策略的重要资源。学生的反馈是评估教学策略效果的重要指标。通过问卷调查、课堂讨论或一对一会谈等方式收集学生的意见，可以了解他们的学习体验和需求。

3. 教学策略改进的连续循环

基于自我反思和学生反馈的结果，职前全科教师应调整实习期间的教学策略，以更好地满足学生的学习需求。这可能包括更改教学方法、引入新的教学工具或调整课程内容。在实践中遇到的挑战和问题可以成为职前全科教师寻求进一步专业发展的动力，如参加特定领域的研讨会或进修课程。

通过将理论应用于实践和持续的自我反思，职前全科教师可以不断提升教学质量和学生的学习体验。这一过程需要教师积极寻求将新知识整合到教学中的方法，勇于实验新策略，以及持续评估和调整教学实践。

（三）参与教育研究

参与教育研究项目和发表教育文章为教师提供了一个独特的平台，使他们能够深入探索教学实践中的各种问题，分享新的教学理念和策略。这些活动不仅对个人的专业成长极为重要，也对整个教育领域的进步和发展起到了推动作用。

1. 探索教学实践中的关键问题

通过参与教育研究项目，职前全科教师有机会深入分析和探索自己感兴趣的教学问题。这些问题可能涉及学习策略的有效性、教学方法的创新应用，或是课堂管理的改进方案等。通过科学的研究方法收集和分析数据，教师可以测试和验证新的教学理念和方法，找到更加有效的教学解决方案。

2. 提升研究能力和批判性思维

参与教育研究不仅能够帮助职前全科教师解决具体的教学问题，还能够显著提升他们的研究能力和批判性思维。研究过程中的文献综述、数据分析和结果解释等环节，要求职前全科教师具备严谨的学术态度和批判性的思维方式。这些技能对于教师评估教育资源、制订教学计划和改进教学策略都有极大的帮助。

3. 促进教育知识的创新和传播

发表教育文章是职前全科教师研究成果的重要输出途径，它让职前全科教师为教育领域知识的共享和发展做出贡献。通过发表在学术期刊、专业杂志或教育博客上，职前全科教师的研究成果能够被更广泛的教育工作者和研究人员所了解和引用，从而推动教育实践和理论的创新。

4. 扩大影响力

成功发表教育文章还能显著提升职前全科教师的个人和专业影响力。他们的观点和研究成果能够影响其他教育工作者的教学实践，甚至可能对教育政策的制定和教育体系的改革产生影响。此外，参与国内外的教育研究项目和学术会议，也为教师提供了与领域内其他专家学者交流和合作的机会，进一步提高了他们的专业能力。

总之，通过继续教育、专业资格认证和参与教育研究等多元化的路径，职前全科教师可以不断更新和深化自己的教育知识和技能，实现持续的专业成长。这些活动不仅促进了教师个人的发展，也为提升整个教育行业的质量和效率做出了贡献。

四、结论

反思实践和持续专业发展在提升小学英语教师的教育质量中起着至关重要的作用。通过反思实践，教师能够深入分析自己的教学方法、学生的反应以及教学成果，从而识别出教学过程中的优势和不足。这一过程不仅帮助教师调整教学策略以更好地满足学生的需求，还促进了教师对教学理论和实践的深入理解。同时，持续的专业发展通过参与工作坊、研讨会、在线课程等活动，为教师提供了学习新教育理念、教学方法和技术的机会，从而不断提升教学效果和教育质量。

在当今这个快速变化的教育环境中，职前全科教师更应积极采用反思实践，并不断寻求专业成长的机会。这不仅是对自身职业责任的履行，也是适应教育变化和满足学生多样化需求的必要条件。通过持续的自我反思和专业发展，职前全科教师能够构建更加丰富、有效和创新的教学内容和方法，为学生提供高质量的教育体验。因此，职前全科教师应把反思实践和持续专业发展视为职业生涯中不可或缺的一部分，以此促进个人成长、提升教学质量，并对未来的教育变革做出积极的贡献。

第六章　职前全科教师培养体系的优化建议

第一节　基于能力培养的课程体系重构

传统的以语法、词汇为中心的教学模式已经难以满足当代社会对个体英语综合应用能力的要求。教育界普遍认为，课程体系应更加注重学生听说读写等实际语言能力的培养，以及跨文化交际能力、批判性思维能力等综合素养的提升。只有这样，才能真正适应全球化的时代需求，培养出能够在国际舞台上自信交流、有效沟通的新一代。因此，重构课程体系，将其建立在能力培养的基础之上，不仅是对现有教育模式的优化，更是对教育发展趋势的一种积极响应。通过更新教学内容、改革教学方法、丰富教学资源，以及提高教师的专业能力等措施，可以有效提升小学英语教育的质量，为学生的全面发展和终身学习奠定坚实的基础。

一、当前小学英语教育课程体系分析

当前的小学英语教育课程体系，尽管在多年的教学实践中不断演进，但仍存在一定的局限性。这些特性在一定程度上影响了小学英语教师能力的培养，也影响了学生英语学习的效果。

（一）现有课程体系的特点和局限性

在当今全球化和信息化时代背景下，小学英语教育面临着更新教学理念和方法的迫切需要。当前普遍实施的小学英语教育课程体系，虽然在语法规则和词汇积累方面取得了一定成果，但其传统的教学方法，如主要依赖讲授法和书面练习，显然已不能完全满足现代教育的需要。这种以教师为中心的教学模式，主要强调对语言知识的直接传授，往往忽略了学生的个性化需求，缺乏必要的适应性

教学设计，使教学内容与学生的日常生活经验存在脱节，难以有效激发学生的学习兴趣和积极性。

此外，现行的课程体系在丰富学生的文化背景知识和跨文化交际技能方面也显得不足。虽然学生可能掌握了一定量的英语语言知识，但学生往往难以将所学知识灵活运用到真实的交际中去。这种教学模式下的语言学习忽视了实践性和互动性，未能充分发挥语言学习的社会性功能，也没能有效培养学生的实际语言应用能力。

对于跨文化交际能力的培养更是重要的一环，现行课程体系中的这一缺失不利于学生在全球化背景下形成全球视野和国际竞争力。在多元文化的交流中，了解和尊重不同文化的背景，能有效促进学生跨文化的理解和沟通能力的提升，为他们将来的国际交流打下坚实基础。

通过这些改革和创新，小学英语教育能够更好地适应全球化时代的教育背景，为学生提供全面、深入和实用的语言学习经验，培养出具备良好英语能力和竞争力的未来公民。

（二）现有课程体系对小学英语教师能力培养的影响

当前的小学英语教育课程体系在一定程度上限制了教师的教学能力和专业成长，这主要体现在几个方面。

首先，由于教学资源和方法的限制，教师可能会过分依赖教科书和传统的教学模式，如讲授法和书面练习，而忽视了其他更为有效和创新的教学方法。这种过分依赖不仅减少了课堂的互动性和学生的参与度，也限制了教师探索新的教学方法和技术的机会，影响了教学的效果和学生的学习体验。

其次，现有的课程体系往往集中于语法规则和词汇的记忆，而在跨文化交际能力和批判性思维能力方面的培养不足。这导致教师在设计涉及文化理解和批判性分析的教学活动时教学内容的广度和深度不足，也阻碍了学生全面能力的发展。

此外，对于教师继续教育和专业发展的支持不足，也是现有课程体系的一个重要缺陷。在教育理念更新迅速、教育技术不断进步的当今社会，教师需要不断学习和更新自己的知识和技能，以适应教育的变化和挑战。然而，缺乏有效的继续教育机会和专业发展路径，使得教师在面对新理念和新技术时可能会感到不自信，缺乏足够的能力去整合和应用这些新知识，从而影响了教师的教学质量和职业成长。

因此，为了促进教师的专业成长，同时提高小学英语教育的质量和效果，需要对现有的课程体系进行改革和更新。这包括引入更多的创新教学方法和技术、增加跨文化交际和批判性思维能力的培养以及提供更多的继续教育和专业发展机会。通过这些措施，可以为教师创造一个更加开放和支持的教学环境，激发教师的创新意识和教学热情，最终提升教学效果，促进学生的全面发展。

综上所述，现有的小学英语教育课程体系在一定程度上限制了教师能力的全面发展，对教师的创新教学、学生个性化教学以及跨文化教学能力的培养存在着较大的制约。因此，针对现有课程体系的改革和优化，对于提高小学英语教育质量，促进教师专业成长具有重要意义。

二、基于能力培养的课程体系的理论基础

在教育领域，能力培养一直是构建课程体系的核心理念之一。它强调通过教育活动不仅传授知识，更重要的是培养学生的综合能力，包括认知能力、实践能力、创新能力和社会交往能力等。这种理念在现代教育中被广泛应用于课程设计和教学实践中。

（一）能力培养的理论基础

能力培养理念的推广与实践，正在逐步改变当前教育的面貌，特别是在小学英语教育领域，这一理念的应用尤为关键。相较于传统教育模式偏重于书本知识的灌输，能力培养更注重学生能力的实际应用和综合素质的提升，倡导"学以致用"的教育原则。这种教学方式的核心目标在于促进学生的全面发展和终身学习能力的形成，使学生能够适应快速变化的社会和未来的挑战。

教育理论家德威（John Dewey）的"做中学"理念强调，教育应该是一个积极参与和体验的过程。德威认为，通过参与实践活动，学生不仅可以将理论知识应用于实际，还可以在活动中发现问题、解决问题，从而更有效地促进学习和个人成长。这种学习方式有助于培养学生的批判性思维、问题解决能力和创新能力。

同样，维果茨基（Lev Vygotsky）的社会文化理论也为能力培养的课程体系

提供了理论支持。维果茨基认为，学生的学习是在社会互动中进行的，学习者通过与更有经验的人的合作和交流，可以更好地发展认知能力。这意味着教育过程应该鼓励学生参与到社会文化活动中，通过真实的社会互动来学习和成长。

将这些理论应用于小学英语教育，意味着教育者需要设计更多与真实生活密切相关的学习活动，如角色扮演、项目式学习、团队合作等，这些活动不仅能够激发学生的学习兴趣，还能有效提升学生的语言实用能力和跨文化交际能力。此外，通过利用现代信息技术，如网络交流平台、多媒体教学资源等，可以为学生提供更加丰富和多样的学习环境，进一步促进他们的社会互动和认知发展。

总之，能力培养理念的实施，要求教育者转变传统的教学观念，采用更加灵活和创新的教学方法，为学生创造一个促进全面发展和终身学习的教育环境。通过这样的教育实践，可以使学生有迎接未来的挑战的能力，成为具有全球视野和社会责任感的未来公民。

（二）能力培养对小学英语教育的意义

对于职前全科教师而言，基于英语能力培养的课程体系尤为重要。

首先，它有助于提高学生的语言实际应用能力。通过模拟真实的语言使用环境，设计以任务为导向的学习活动，学生可以在实际的语言交流中学习和应用英语，从而综合提高听、说、读、写能力。

其次，能力培养还能促进学生跨文化交际能力的发展。在全球化背景下，跨文化交流能力对于学生来说越来越重要。通过引入不同文化背景的内容，组织国际交流活动，学生可以在学习语言的同时，增进对不同文化的了解和尊重，培养能够在多元文化环境下有效沟通的能力。

最后，基于能力培养的课程体系还强调对学生的创新能力和批判性思维能力的培养。通过鼓励学生探索和解决问题，开展创新实践活动，学生可以在探索中学习，通过批判性思考找到问题的解决方案，从而培养学生的创新意识和解决问题的能力。

总之，基于能力培养的课程体系对于小学英语教育具有重要的意义。它不仅能够促进学生语言能力的提高，更能够培养学生的跨文化交际能力、创新能力和批判性思维能力，为学生的全面发展和未来的终身学习奠定坚实的基础。

三、课程体系重构的目标和原则

重构小学英语教育课程体系是为了更好地适应当下及未来社会的需求，培养能够适应全球化时代背景的职前全科教师。这一重构不仅需要对教学内容和方法进行更新，还需要明确其目标。

（一）重构课程体系的目标

重构小学英语教师培养体系旨在培养一批具备综合能力的教师，以满足现代教育的多元需求和全球化时代的挑战。这不仅要求职前全科教师具备扎实的语言能力，更需要他们在教学方法、跨文化交流以及批判性思维和创新能力等方面具备高度的专业素养。

1. 语言能力

确保职前全科教师具备高水平的英语听、说、读、写能力是培养过程的首要任务。职前全科教师不仅需要使用英语进行流利的日常交流，还应能够以英语进行专业的教学和学术交流。这要求职前全科教师不仅掌握英语语言知识，还要了解英语国家的文化、历史和社会背景，以便能够在教学中为学生提供丰富、真实的语言学习环境。

2. 教学能力

小学英语教师的教学能力包括使用多样化教学方法和技术进行有效教学，特别是整合信息技术进行创新教学的能力。职前全科教师应具备设计和实施以学生为中心的教学活动的能力，利用项目式学习、协作学习、翻转课堂等现代教学形式，激发学生的学习兴趣和参与度。同时，教师还需要掌握如何有效利用数字资源和在线平台，使教学活动更加生动和个性化。

3. 跨文化交流能力

在全球化背景下，教师的跨文化交流能力显得尤为重要。职前全科教师不仅需要理解不同文化背景，还应培养全球视野。通过参与国际交流项目、多文化教育活动等，职前全科教师可以增强自己的跨文化交流能力。

4. 批判性思维和创新能力

鼓励职前全科教师进行教学创新，培养他们解决教学问题的能力十分重要。职前全科教师应具备批判性思维，能够对现有的教学内容、方法和资源进行有效评估和反思，不断探索更有效的教学策略。同时，创新能力使教师能够设计新颖的教学活动和材料，满足学生多样化的学习需要，提高教学质量和效果。

总之，通过全面提升教师的语言能力、教学能力、跨文化交流能力以及批判性思维和创新能力，可以为学生创造更加丰富、有效和动态的学习环境，培养他们成为具有国际视野和终身学习能力的全球公民。

（二）重构课程体系的原则

在重构小学英语教育课程体系的过程中，将学生的需求和利益置于中心位置是十分重要的原则。这种以学生为中心的原则要求教育者从学生的视角出发，关注学生的个性化需求和学习动机，以此为基础设计和实施教学活动。这意味着教师需要采用更加灵活和多样化的教学方法，如小组讨论、角色扮演等，以适应不同学生的学习风格和兴趣。通过这种方式，不仅可以使学生的主动学习，还能够提高他们的创造力和批判性思维能力，为学生的自我发展奠定坚实的基础。

能力导向的课程设计原则强调核心能力的培养。这种原则认为，教学内容的设计应超越传统的语言知识传授，更重要的是通过实施项目学习、情景模拟等教学活动，来培养教师的关键能力，如实际的教学能力、跨文化交流能力和批判性思维能力。这样的课程设计不仅有助于教师在未来的职业生涯中更好地应对各种教学挑战，也能够为学生创造更加丰富和实用的学习体验。

强调实践应用的课程体系能够更有效地将理论知识与实践技能结合起来。通过提供实习机会、开展教育研究项目和鼓励教师参与教学实践，教师可以将在课堂上学到的知识和技能应用到真实的教学场景中，从而提高其实践教学能力。这种理论与实践的紧密结合不仅能够加深教师对教学理念和方法的理解，还能够提升教师解决实际教学问题的能力。

总之，通过构建一个以学生为中心、能力导向和强调实践应用的课程体系，可以有效促进小学英语教师的专业成长，为他们提供必要的知识和技能，以应对全球化时代教育领域的挑战。这不仅有利于提升教师的教学质量和效率，也有助于促进学生的全面发展和终身学习能力的形成。

四、课程体系重构的实施策略

为了有效地实施基于能力培养的小学英语教育课程体系重构，必须采取一系列实施策略，确保课程重构的目标能够顺利实现。这些策略包括但不限于开展教师培训和专业发展工作坊、建立校企合作提供实践教学平台，以及采用灵活多样的评价机制鼓励教师创新。

（一）开展教师培训和专业发展工作坊

随着新课程体系的推广和实施，对小学英语教学提出了更高的要求。为了帮助职前全科教师适应这些变化，提升他们的教学设计和实施能力，开展有针对性的教师培训和专业发展工作坊变得尤为关键。这些培训和工作坊不仅能帮助教师更新自己的知识体系，还能够提高他们运用现代教育技术的能力，从而更有效地进行教学活动。

1. 培训内容的多元化

培训和工作坊的内容应该全面覆盖新教学理念、教学方法、跨文化交际技能、信息技术应用等方面。具体来说，新教学理念的培训可以帮助职前全科教师理解和掌握学生中心、合作学习、批判性思维等现代教育理念。教学方法的培训应包括如何设计和实施项目式学习、翻转课堂、情景模拟等活动，以提高学生的学习兴趣和参与度。跨文化交际技能的培训则旨在提升教师理解和尊重不同文化背景的能力，增强在多元文化环境下教学的效果。信息技术应用的培训则着重于教授教师如何利用多媒体工具、在线资源和平台，提高教学的互动性和趣味性。

2. 培训方式的实践性

为了确保培训效果，培训和工作坊应该注重实践操作和互动交流。通过案例分析、小组讨论、角色扮演等形式，教师可以在实际操作中深化对新知识和技能的理解，同时也能够在与同行的交流和合作中获得灵感和支持。此外，模拟教学环境或使用真实教学案例进行分析，可以帮助教师将理论知识与实际教学相结合，增强他们应用新知识和技能解决实际教学问题的能力。

3. 培训的持续性与跟进

教师的专业发展是一个持续的过程，因此培训和专业发展活动也应该具有持续性。除了定期开展的工作坊和培训课程外，还应该建立一个持续学习的支持系统，比如，在线学习社区、教师发展俱乐部等，为职前全科教师提供一个交流、分享的平台。同时，通过定期的跟进和反馈，评估职前全科教师在培训后的成长和教学实践的改进，以确保培训效果得到实际应用和持续优化。

总之，通过有针对性的培训和专业发展工作坊，不仅能帮助职前全科教师提升他们的教学设计和实施能力，还能激励教师在专业发展道路上不断前行，最终提升整体教学质量，促进学生的全面发展。

（二）建立校企合作，提供实践教学平台

建立校企合作关系，是提升教育质量的途径之一。在这样的合作模式下，企业和教育机构能够共享资源，实现互利共赢，为教师提供创新的教学资源和教学实践平台。

1. 接入最新教育技术

与教育技术公司的合作使得最新的教育技术，如虚拟现实（VR）、增强现实（AR）、在线互动平台等，得以应用于小学英语教学中。这些先进的技术手段能够将抽象的语言知识转化为可视化、互动性强的学习内容，极大地提高了小学生学习的趣味性和效率。例如，通过VR技术，学生可以身临其境地体验英语国家的文化和生活，使得学习过程更加有趣。

2. 提供实践和实习机会

企业提供的实习、访学等机会，为教师走出课堂提供了可能。教师可以通过这些机会学习先进的教育理念和教学方法，同时，也能够将理论知识应用于实践，优化自己的教学设计。

3. 促进教育创新和资源共享

校企合作不仅仅是简单的资源输送，更是一种创新。企业的参与可以带来新的教育理念、教学模式和管理经验，促进教育实践的不断创新和改进。同时，这种合作模式还有助于实现教育资源的共享，比如企业可以通过提供教育软件、教学设备等支持，帮助学校改善教育硬件条件，提升教育服务水平。

综上所述，建立校企合作关系，为小学英语教育提供实践教学平台，不仅能够帮助教师获得最新的教育技术支持，丰富教学手段，还能够为教师提供宝贵的实践机会，促进创新和资源共享，最终提升教育质量。

五、结论

重构小学英语教育的课程体系，以能力培养为核心，对于适应当前快速变化的教育需要具有重要的意义。在全球化和信息化的时代背景下，小学英语教育面

临着挑战与机遇。教育者和决策者必须认识到，传统以知识传授为主的教学模式已难以满足学生的学习需求和未来的职业发展。因此，基于能力培养的课程体系重构不仅是一项紧迫的任务，也是提高教育质量、培养未来社会所需人才的关键措施。

重构课程体系的核心在于培养学生的实际应用能力、创新能力、批判性思维能力以及跨文化交流能力。这要求课程设计不仅要注重知识的广度和深度，更要注重知识与实践的结合，鼓励学生通过实际操作、项目合作等方式，将所学知识应用于实际问题的解决中。此外，教育技术的融入和教学方法的创新也是课程体系重构的重要方面。通过利用现代教育技术、采用灵活多样的教学形式，可以大大提高学生的学习兴趣。

对于小学英语教师而言，课程体系的重构不仅为他们提供了更广阔的教学资源和方法，也提出了更高的要求。教师需要不断更新自己的专业知识，掌握现代教学技术，提高跨文化交流能力，以适应新课程体系的需求。因此，教师的专业发展和终身学习变得更加重要。通过参加教师培训、工作坊、研讨会等，教师可以不断提升自己的教学能力和专业素养。

总之，基于能力培养的课程体系重构是小学英语教育发展的必然趋势。通过重构小学英语教育课程体系，可以更好地促进小学英语教师的综合能力提升。

第二节　实践教学环节的优化与创新

职前全科教师背景下在小学英语教师的培养过程中，实践教学环节扮演着至关重要的角色。它不仅是教师理论知识转化为教学技能的桥梁，也是培养教师实际教学能力、创新思维和问题解决能力的关键环节。通过参与实际的教学活动，未来的小学英语教师能够在实践中深化对教育理论的理解，提升跨文化交流能力，以及掌握有效的课堂管理和学生指导技巧。这些能力对于提高教学质量、激发学生的学习兴趣及适应多元化的教学环境至关重要。

一、实践教学的现状分析

当前的小学英语教师培养体系中，实践教学占据重要位置。然而，通过对现有实践教学模式和特点的回顾与分析，我们可以发现一系列亟待解决的问题，这些问题在一定程度上限制了小学英语教师专业能力的全面发展。

（一）现有的实践教学模式和特点

目前，小学英语教师的实践教学主要通过校内模拟教学、校外教学实习等形式进行。在校内模拟教学中，职前学生教师在模拟的教学环境中进行教案设计和模拟授课，通过这种方式来提前体验教学过程并得到指导教师的反馈。校外教学实习则是将职前学生教师派遣到合作学校，让他们在实际的教学环境中进行教学活动，通过实际操作提高教学能力。

（二）存在的问题

尽管实践教学为学生教师提供了宝贵的教学经验，但在实施过程中仍存在不少问题。

1. 实践机会有限

在教师教育体系中，实践对于学生教师的职业发展至关重要。然而，实践机会的有限性成为当前教师培养过程中面临的一大挑战。教育资源的限制，尤其是缺乏优质实习基地，直接影响了职前学生教师获得实践经验的机会。这种资源的稀缺性不仅减少了学生教师参与实际教学活动的机会，还限制了他们从多样化教学环境中学习和成长的可能。

此外，实习期较短的问题同样不容忽视。在有限的时间内，学生教师很难全面参与到教学的各个环节，从课程准备、教学实施到课后反馈等全过程，更难以深入理解教师日常工作的复杂性和挑战性。这种情况下，实习经验往往停留在表层，无法满足职前学生教师对于教育实践深入理解的需求。

2. 内容与方法单一

在职前教师培训中，实践教学的内容和方法的多样性对于培养职前学生教师的全面能力极为重要。然而，目前的实践教学模式往往存在一定的局限性，主要表现在对传统教学模式和方法的过分依赖，以及缺乏对教学活动全过程的全面覆盖。

（1）单一的教学内容和方法

当前的实践教学过于注重传统的课堂教学演练，这种方式虽然能够帮助职前学生教师掌握基本的教学技能，但往往忽视了教学活动的多样性和创新性。模拟教学主要集中于课堂内的活动，而对于课堂外的教学设计、学生互动、家庭作业布置以及学生评价等环节缺乏足够的关注和实践。这种偏重课堂内教学的实践模式，限制了职前学生教师对教育教学过程全貌的理解和体验，从而影响了他们成为全科教师的能力。

（2）缺乏独立教学的机会

更为关键的是，实习内容往往局限于观摩和辅助教学，这虽然为学生教师提供了了解和学习教学的机会，但却缺少了独立承担教学任务的经历。独立教学不仅能够让学生教师将理论知识应用于实际，更重要的是能够在实际教学中发现问题、解决问题，培养自我反思和持续改进的能力。缺乏这种独立教学的机会，职前学生教师的自主教学能力和问题解决能力难以得到有效的培养。

3. 缺乏创新

在当前的教师教育体系中，缺乏对创新的鼓励和培养成为一个显著的问题。实践教学，作为培养未来教师的关键环节，其在促进教学方法和策略创新方面的作用不容忽视。然而，现实情况是，创新教学方法和策略的尝试在实践教学中相对较少，这限制了学生教师在教学设计和实施方面发挥创新的空间。

（1）创新能力的培养不足

由于过分依赖传统的教学模式和方法，职前学生教师往往缺乏尝试新教学策略和技术的机会。这种情况下，他们的教学设计往往遵循传统模板，缺乏个性化和创新性。而教学创新不仅能够提高课堂教学的效果，还能够激发学生的学习兴趣提高学生参与度，因此，培养学生教师的创新能力对于提升其未来的教学实践十分重要。

（2）评价体系有局限性

目前的评价体系往往更加注重教学的最终结果，而非教学过程和创新尝试。这种结果导向的评价体系在一定程度上抑制了职前学生教师探索新教学方法和策略的动力。创新尝试往往伴随着风险和不确定性，如果评价体系不能合理地认可和奖励创新尝试，职前学生教师可能会出于对评价结果的担忧而回避创新尝试，从而限制了他们创新能力的发展。

综上所述，尽管实践教学在小学英语教师培养中扮演着重要的角色，但现有的实践教学模式和特点暴露出一系列问题，这些问题的存在限制了未来教师专业技能和创新能力的发展。因此，对实践教学环节进行改革和优化，扩大实践机会，丰富实践内容和方法，以及鼓励教学创新，对于提升小学英语教师的综合教学能力具有重要意义。

二、实践教学的理论基础

实践教学作为职前小学英语教师培养中的一部分，其重要性不仅得到了教育界的普遍认可，也有坚实的理论基础支撑。其中，经验学习理论和反思实践理论是实践教学最为重要的理论支撑之一，它们为理解实践教学在教师培养中的价值提供了理论依据。

（一）实践教学的理论支撑

经验学习理论，由科尔布（David A. Kolb）提出，强调学习是通过具体经验、反思观察、抽象概念化及主动实验的连续过程。在这个理论框架下，实践教学提供了将理论知识转化为教学技能的具体经验，通过在真实或模拟的教学环境中的实践活动，教师不仅能够将抽象的理论知识具体化，还能通过反思这些经验，促进个人教学理念的成熟和教学策略的创新。

反思实践理论，由舒恩（Donald Schön）提出，提倡在实践中反思，在反思中学习。该理论认为，教师通过对自己的教学实践进行持续的反思，能够识别和解决教学过程中遇到的问题，从而不断改进教学方法，提升教学质量。反思实践使教师能够从实践经验中学习，促进专业成长。

（二）实践教学对提升教师专业技能和实践能力的作用

实践教学在小学英语教师的专业发展过程中扮演着至关重要的角色。它不仅作为理论知识与实际教学技能之间的桥梁，还为教师提供了一个实际应用和检验教学方法的平台。

1. 理论与实践的结合

通过实践教学，职前教师可以更深入地理解教育理论背后的实际意义，将这些理论知识转化为具体的教学技能。在实际教学过程中，职前教师能够尝试和运用不同的教学方法和技巧，比如项目式学习、合作学习、游戏化学习等，这些多样化的教学方法能够帮助学生从不同角度和层面理解英语知识，提高他们的语言实际运用能力。

2. 教学经验的积累

实践教学还为职前教师提供了宝贵的机会来积累教学经验。在反复的教学实践中，职前教师不仅能够提高自己的课堂管理能力，还能够加强对学生的指导能力，尤其是在应对课堂上突发事件时展现出的冷静和应变能力。这些经验的积累，对于教师来说是非常宝贵的财富，有助于他们成为更加成熟和专业的教育者。

3. 创新思维的激发

实践教学的过程是一个不断探索和创新的过程。它鼓励职前教师跳出传统教学模式的框架，尝试新的教学方法和技术。例如，利用信息技术工具、多媒体教学资源等，可以使教学内容更加生动有趣，增加学生的学习动力。通过这种不断的尝试和探索，职前教师可以发现更多有效的教学策略，不断地调整和优化自己的教学设计，从而更好地应对学生多样化的学习需求。

4. 教学实践的反思

实践教学还强调了教师对自己教学实践的反思。通过反思，职前教师可以审视自己的教学过程，了解自己存在的问题和不足，进而调整教学策略和方法。这种基于反思的教学实践，不仅能够帮助职前教师持续改进和提升教学质量，还能够促进职前教师专业成长，提升其水平。

综上所述，实践教学不仅能够帮助职前教师深化对教育理论的理解，提高教学技能，还能够激发教师的创新思维，促进其专业成长，最终实现教学效果的显著提升。

三、实践教学环节的优化策略

为了提升小学英语教师的专业技能和实践能力，优化实践教学环节成为教师培训体系中的一个重要组成部分。

（一）增加实践机会

提供充足的实践机会对于小学英语教师的专业发展具有至关重要的作用。为了实现这一目标，教育机构需要采取一系列措施，使教师能够在实际教学环境中积累经验，发展技能。

1. 扩大实习基地

教育机构应积极拓宽与各类学校、教育中心的合作关系，增加校内外的实习基地数量。通过与更多教育机构建立合作，可以为学生教师提供更广泛的实习选择，从而满足他们不同的教学兴趣和发展需求。在实习过程中，学生教师不仅能够观摩经验丰富的教师的教学，还可以直接参与到教学活动中，在实践中学习和成长。

2. 丰富实践活动

增设模拟教学、微课制作等活动，为学生教师提供了一个尽量真实的教学环境来尝试和练习教学技巧。模拟教学让学生教师有机会在模拟的课堂环境中进行教学实践，这有助于他们在没有真实压力的情况下测试和调整教学方法。微课制作则鼓励学生教师运用现代信息技术，设计和制作简短的教学视频，这不仅能够提升他们的教学设计能力，还能增强他们利用技术进行教学的能力。

3. 提升教师自信和应对能力

通过参与这些实践活动，教师与学生能够逐渐建立起对自己教学技能的信心。在模拟教学和微课制作过程中遇到的挑战和问题为他们提供了宝贵的学习机会，让他们学会如何在真实教学中应对各种情况。此外，通过反馈和评价，他们可以更好地理解自己的教学风格和改进的方向，从而更有信心地面对未来的教学挑战。

综上所述，增加实践机会，扩大实习基地，丰富实践活动对于提升小学英语教师的专业技能和实践能力至关重要。这些措施不仅能够帮助未来的教师掌握教学技巧，还能增强他们的自信心和应对真实教学情境的能力，为他们的专业发展奠定坚实的基础。

（二）强化反思与评价

在教师的职业发展过程中，实践后的反思和多元化评价体系的建立是促进职前教师专业成长的关键因素。这一过程不仅有助于职前教师从实际教学中汲取经验，还能够促进他们在教学实践中实现自我超越。

1. 实践后的反思

实践后的反思是职前教师专业成长的重要环节。通过反思，职前教师可以深入分析自己在教学过程中的表现，包括教学方法的选择、课堂管理的策略、师生互动的效果以及教学目标的实现情况等。这种自我审视和评估的过程，不仅能够帮助教师确认自己的教学优势，更重要的是能够发现存在的问题和不足，从而在未来的教学中进行针对性的改进。此外，反思还鼓励职前教师思考如何更有效地将在学校中学到的教育理论应用于实践，以及如何根据学生的实际需求调整教学策略。

2. 多元化评价体系

多元化的评价体系是对职前教师教学表现的全方位考量，它包括自我评价、同伴评价和导师（或专家）评价等多个维度。自我评价让职前教师有机会从个人的角度审视和评估自己的教学实践；同伴评价则提供了来自同事的观点和建议，促进教师之间的交流和学习；而导师评价则能够从专业的角度给予职前教师指导和反馈。这种多维度的评价机制，能够为教师提供更全面、更客观的反馈信息，有助于职前教师从不同角度认识和评估自己的教学行为，促进教师的专业发展和成长。

通过结合实践后的反思和多元化评价体系，职前教师能够在教学实践中不断学习和进步，实现自我提升。这一过程不仅增强了职前教师的教学能力和职业素养，也为提升教育质量和促进学生发展提供了坚实的基础。

四、结论

实践教学环节的优化与创新对于培养小学英语教师具有至关重要的意义。在当前全球化和信息化的教育背景下，传统的教育模式已无法完全满足教师和学生的需求。因此，通过引入新的教学理念和技术，创新实践教学环节是必要的，也是提高教学质量和效果的关键途径。

优化和创新实践教学环节能够为职前教师提供更多的实践机会，使他们能够在真实或模拟的教学场景中应用和反思所学知识，从而深化对教育理论的理解，并提高教学技能。通过多样化实践内容和创新实践方法的应用，教师能够获得全面的教学经验，提高教学设计、课堂管理以及跨文化交流等方面的能力。此外，通过强化反思与评价，教师能够从实践中学习和成长，不断调整和优化教学策略，从而提高教学效果。

持续创新是确保小学英语教师培养质量不断提升的关键。持续创新能够激发教师的创新精神，鼓励他们探索更有效的教学方法，从而提高教育质量和学生学习效果。

综上所述，实践教学环节的优化与创新是小学英语教师培养中不可忽视的重要组成部分。通过持续创新，可以为教师提供更加丰富和多元化的教学经验，促进他们的专业成长，从而为小学英语教育质量的提升奠定坚实的基础。

第七章 挑战、机遇与未来方向

第一节 当前职前全科教师培养体系面临的挑战

随着社会的快速发展和知识经济时代的到来，对教师的要求也在不断提高。教师不仅要具备专业的教学知识和技能，还需要能够应对快速变化的教育环境，培养学生的创新能力和终身学习能力。然而，当前的职前教师培养体系在诸多方面存在不足，如课程设置的陈旧、教学方法的单一、实践经验的缺乏等，这些问题严重影响了全科教师培养的质量和效果。因此，深入探讨这些挑战，并寻求有效的解决策略，对于提升职前全科教师的教育质量、满足未来教育发展的需求具有十分重要的意义。

一、教育政策与体系框架的挑战

在职前全科教师培养的过程中，教育政策和体系框架面临着一系列挑战，这些挑战在一定程度上影响了全科教师培养质量的提升和教育改革的深入实施。

（一）政策支持不足

在当前教育体系中，全科教师培养面临着多重挑战，其中政策支持的不足尤为突出。虽然教育政策制定者已经开始重视全科教育的推广和发展，试图通过各种政策措施来促进全科教师的培养，但在实施过程中遇到了诸多困难。

1.政策执行的局限性

现行教育政策在支持全科教师培养方面显示出了一定的局限性。尽管对全科教师的重要性有所认识，但在具体政策的制定和执行上往往缺乏足够的针对性和操作性。这导致在职前全科教师培养过程中，对于如何系统地整合跨学科知识和教学技能，政策给出的指导并不明确，使得相关教育机构在实施过程中缺乏明确的方向和依据。

2. 政策资源配置问题

政策资源的配置问题也制约了全科教师培养的质量提升。目前，针对职前全科教师所需的教学资源、实习机会以及教师进修和专业发展的支持经常是不足的。这不仅限制了教师获取必要教学经验和专业成长的机会，也影响了全科教师培养的效果。

总之，为了提升全科教师培养质量，需要从政策层面着手，通过制定更加明确具体的政策指导和优化资源配置，为全科教师的培养提供有力的支持和保障。这不仅有助于培养具备跨学科教学能力的全科教师，也为促进教育体系的整体发展和改革奠定了坚实的基础。

（二）培养体系的问题

1. 教师培养体系框架的僵化

传统的教师培养体系通常侧重于对单一学科知识和技能的传授，而忽略了跨学科教育的重要性。这种单一学科的重点培养模式在当前快速变化的教育环境中已经不再适用。现代教育强调的是学生的全面发展和批判性思维能力的培养，这就要求教师不仅要精通单一学科的知识和技能，还需要具备跨学科整合的能力和视野。

2. 缺乏跨学科整合的视角

目前的教师培养课程结构往往难以提供足够的机会让教师学习如何将不同学科的知识融入教学实践中，以及如何使用跨学科方法来解决复杂的教学问题。这种缺乏跨学科整合的视角不仅限制了教师的创新教学能力，也影响了学生接受全面教育的机会。

3. 实践教学比重和质量的不足

除了理论知识的培养外，实践教学对于教师的专业成长同样至关重要。然而，当前的教师培养体系中，实践教学的比重和质量往往不足，这使全科教师难以在实际教学中应对多样化的挑战。实践教学环节的不足限制了教师将理论知识应用于实际教学的能力，也影响了教师对教学方法和策略的探索和创新。

综上所述，当前教育政策和体系框架在支持全科教师培养方面存在明显的不足,这些挑战要求高校管理者、政策制定者以及教育机构采取切实有效的措施,进行有针对性的改革和优化,以更好地适应全科教育的发展需求,为小学教育培养出更多高质量的全科教师。

二、教育理念与课程设计的挑战

职前全科教师培养在教育理念和课程设计方面面临着显著的挑战,这些挑战根植于传统教育观念的局限性以及课程内容和教学方法的单一化,对创新教师培养模式的实施构成了重要制约。

(一)教育理念的落后

在传统的教育体系中,往往侧重于知识的传授和学术能力的培养,而忽视了学生综合素养的提升和实践能力的培育,这种落后的教育观念对于全科教师的培养尤为不利。

首先,全科教师的培养不仅需要掌握跨学科的知识体系,更要具备将这些知识应用于实际教学中的能力。传统教育往往将知识看作是静态的、孤立的信息集合,这种观念在职前教师的培训中同样得到了体现。然而,现代社会对教师的要求远不止于此。教师需要能够综合运用各学科知识,解决复杂的实际问题,并能将这种能力传授给学生。这不仅要求教师具有深厚的学科知识,还要求他们具备跨学科思考和应用这些知识的能力。

其次,全科教师还应具备激发学生探索精神和创新思维的能力。在快速变化的世界中,创新能力和探索精神成为个人发展不可或缺的要素。然而,传统的教育模式往往采用填鸭式的教学方法,重视标准化考试成绩,而忽视学生思维的开放性和创造性。这种教学方法不利于培养学生的创新能力和解决问题的能力。

最后,受限于传统教育理念的影响,职前教师培养往往难以突破知识传授的范畴,难以为教师提供必要的跨学科教学能力和创新教学方法的培训。许多培训课程依旧沿用传统的讲授模式,缺乏对教学方法创新的探索和实践。这不仅限制了教师职业技能的提升,也影响了学生学习效果的最大化。

因此,要想真正提升全科教师的培养质量,就必须从根本上改革教育理念和教师培训模式。这包括重视跨学科知识的整合与应用,采用更加开放和互动的教学方法,以及在教师培训中引入更多关于创新教学方法和技能的内容。通过这些措施，可以为职前全科教师的培养创造更加有利的环境，进而培养出能够适应未来教育需求的高素质教育工作者。

（二）课程内容没有跟随时代的发展而进步

课程设计是职前全科教师培养的关键组成部分，对教师的专业成长和教学效果有着直接影响。然而，现行的课程设计面临着多项挑战，尤其是内容的单一化和教学方法的传统化问题，这些问题限制了教师培养质量的提升和教师实践能力的发展。

1. 内容单一化的问题

在很多情况下，职前教育课程过分强调理论知识的讲授，而忽视了对教师实践能力的培养。特别是跨学科教学能力，尽管它对全科教师而言极为重要，但相关的课程设计往往未能充分涵盖如何整合不同学科的知识、如何设计和实施跨学科教学活动等关键内容。这种偏重理论而轻视实践的课程设置，难以为教师提供足够的机会去学习和练习跨学科教学的能力，从而限制了他们将理论知识应用到实际教学中。

2. 教学方法的传统化问题

当前的课程设计在教学方法上显示出了较为传统的倾向。多数课程依旧采用讲授式教学为主，这种单向传递知识的教学模式不仅缺乏足够的互动和参与感，也不利于激发教师的创新思维和自主学习能力。缺乏创新和多样性的教学方法难以培养教师灵活运用多种教学策略和技术的能力，也不利于教师应对日益多样化的教学需求和挑战。

总之，要想有效应对职前全科教师培养中的这些挑战，就必须对传统的教育理念进行根本性的更新，将更加注重实践能力培养和综合素质提升的现代教育理念融入教师培养体系。同时，课程设计也应该更加注重多样性和创新性，通过引入更多的实践教学元素和创新教学方法，为全科教师的综合能力培养提供坚实的基础。

三、师资培训与专业发展的挑战

在职前全科教师培养的过程中，师资培训和专业发展面临着诸多挑战，尤其是在高质量师资的供给和持续专业发展支持方面的不足。这些挑战不仅影响到职前教师的培养质量，也对他们未来的教育事业产生深远影响。

当前教师培训领域面临的一系列挑战严重影响了优秀师资的吸引与留存。

首先，优秀的实践教师和学者通常负担着繁重的工作，包括教学、研究以及各种行政任务。当这些高强度的工作负担遇上相对较低的激励机制时，即使是最有才华和热情的专业人士也可能感到挫败。这种不平衡不仅降低了他们参与教师培训工作的积极性，也使得教师培训领域难以吸引和保留这些关键人才。

其次，教师培训师资的专业要求极高，既需要具备深厚的学科知识，又要有丰富的教学经验和掌握先进的教学理念。这些要求确保了教师培训的质量，但同时也增加了优秀师资的稀缺性。优秀师资的培养是一个长期且复杂的过程，需要持续的学习和实践。在当前的培训体系下，这一过程往往缺乏足够的支持和资源，从而加剧了优秀师资的不足。

四、技术与资源配置的挑战

职前全科教师培养过程中，技术的整合和资源的配置是两个重要而复杂的挑战。这些挑战不仅影响教师培养的效率和质量，也直接关系到未来教师能否满足教育现代化的需求。

（一）教育技术的整合问题

将现代教育技术融入教师培养中，是提高培养质量的关键途径，但也面临着诸多困难。首先，教育技术的快速发展要求高校要不断更新教学工具和内容，这对高校的技术跟进能力和资源更新能力提出了高要求。其次，有效整合教育技术需要高校授课教师具备相应的技术知识和应用能力，但当前许多高校在这方面的准备不足。此外，如何将教育技术与教学内容和教学方法有效结合，以提高教学效果而不是简单地"添加技术"，也是一个挑战。这些难点共同构成了教育技术整合过程中的主要挑战。

（二）教育资源分配不均等问题

资源配置不平衡是教育领域普遍存在的问题，尤其在职前全科教师培养的质量上，其影响更是深远和明显。不同地区和教师培训机构之间的教育资源差异，直接影响到职前教师接受的培训质量，进而影响他们的教学能力和学生的学习成效。

一是财政投入的不均衡。在经济发达地区，教师培训机构往往能获得更多的财政支持，这使得它们能够投入更多资源于教学设施的建设和教学技术的更新。相反，经济欠发达地区的教师培训因财政支持有限，难以进行这些必要的投入。

二是教学设施和技术的差距。资源丰富的培训机构可以提供先进的教学设施和技术支持，如多媒体教室、虚拟实验室等，这些设施和技术可以极大地丰富教学方式和提高教学效果。而在资源较为匮乏的地区，职前教师可能只能依赖传统的教学工具，这在一定程度上限制了他们的教学实践和创新能力。

三是师资力量的不均衡。优秀教师和学者往往倾向于在资源较好的地区和机构工作，这导致了优质师资在地区间的不均等分配。一些培训机构因此能够提供高水平的教学和研究经验，而那些师资力量薄弱的机构则难以提供同等水平的培训。

总之，教育技术的有效整合和教育资源的公平配置是提高职前全科教师培养质量的关键所在。解决这些挑战需要政府、教育机构和社会各界的共同努力，通过优化政策支持、提升师资培训质量、改善资源分配机制等措施，以确保每位职前教师都能获得高质量的教育和培训。

五、结论与建议

当前职前全科教师培养体系面临着一系列挑战，包括教育政策与体系框架的不足、教育理念与课程设计的落后、实践教学与经验积累的缺失，以及师资培训与专业发展、技术与资源配置的难题。这些挑战共同影响着职前教师的培养质量，限制了全科教师今后的潜力发挥。

第二节 小学英语教育中的机遇与创新

在全球化时代的背景下，小学英语教育显得尤为重要。随着国际交流的日益增多，英语作为全球使用最广泛的语言之一，在沟通、文化交流、商务合作等多个领域中扮演着关键角色。因此，从小学阶段开始培养学生的英语能力，不仅有助于打下坚实的语言基础，更是为他们将来能够在全球化的环境中更好地学习、工作和生活做好准备。

然而，随着教育理念的更新和教育技术的发展，小学英语教育面临前所未有的机遇。传统的教学方法和课程内容已经无法完全满足当前社会和学生的需求。在这样的背景下，探讨小学英语教育中创新变得尤为重要。通过引入创新的教学方法、更新课程内容、利用现代教育技术等手段，可以有效提升教学效果，激发学生的学习兴趣，培养他们的跨文化交际能力。本文将深入探讨在全球化背景下小学英语教育中的机遇与创新，旨在为教育工作者提供一些有益的思考和建议。

一、小学英语教育的机遇

在全球化背景下，小学英语教育正站在一个前所未有的新起点上，面临着多重机遇，这些机遇为教育工作者和学习者提供了广阔的可能性和空间。

（一）全球化与国际交流

全球化加速了国际交流和合作的步伐，使得跨文化交流成为日常生活的一部分。对小学英语教育来说，这不仅意味着学习英语的直接目的更加明确——为了更好地与世界沟通，而且也为教学活动提供了丰富的内容和背景。学生可以通过学习英语，了解不同国家的文化、习俗和思维方式。同时，国际交流项目为学生提供了实际使用英语交流机会，这些都极大地丰富了小学英语教育的方式。

（二）技术进步

信息技术，尤其是互联网和多媒体技术的迅猛发展，为英语教学开辟了新的路径。现代教育技术如在线课程、互动软件、虚拟现实（VR）和增强现实（AR）等，为英语学习提供了更加生动、互动和个性化的学习体验。通过这些技术手段，教师可以创造出接近真实的语言使用环境，帮助学生在模拟的情境中实践英语听、说、读、写技能，极大地提高了学习的效率和趣味性。

（三）教育政策的支持

随着各国政府对英语教育的日益重视，小学英语教育得到了越来越多的政策支持和资源投入。从课程标准的制定、师资培训的加强到教学资源的配备，政府的支持为小学英语教育的发展提供了坚实的基础。此外，一些国家和地区还推出了特色英语教育项目，鼓励教育创新和实践探索，进一步推动了小学英语教育的质量提升。

综上所述，全球化与国际交流的需求、信息技术的进步以及教育政策的支持，共同为小学英语教育带来了前所未有的发展机遇。把握这些机遇，小学英语教育能够不断创新和进步。

二、小学英语教育中的创新实践

随着教育理念的更新和技术的进步，小学英语教育正经历着一系列创新实践的变革，这些创新旨在使英语学习过程更加生动、高效和有意义。

（一）教学方法的创新

引入项目式学习、任务型教学等现代教学方法，已成为小学英语教育中的一大创新。这些方法强调通过实际的项目或任务，让学生在完成具体目标的过程中学习和使用英语。例如，通过设计一个以英语为官方语言的国家的文化主题研究项目，学生不仅能够学习到相关的英语词汇和表达，还能在搜集信息、整理报告的过程中提高英语阅读和写作能力。这种学习方式使英语学习更加符合语言使用的真实场景，增强了学习的实用性和趣味性。

（二）课程内容的丰富

跨学科融合和文化素养教育的加入，为小学英语教育注入了新的活力。通过将英语教学与历史、地理、艺术等其他学科相结合，教师可以设计更为丰富多彩的教学内容，拓宽学生的视野，培养他们的跨文化理解和欣赏能力。同时，这种跨学科的学习方式有助于学生建立起知识之间的联系，促进整体学习能力的提升。

（三）教育技术的整合

利用在线平台、虚拟现实（VR）、增强现实（AR）等现代教育技术，创造出互动和沉浸式的学习环境，是小学英语教育中的又一项创新。例如，通过 VR 技术，学生可以"参观"英国伦敦的大本钟、美国纽约的自由女神像等地标，体验英语国家的文化和风土人情。这些技术不仅使学习变得更加生动和真实，还能极大地激发学生的学习兴趣和探索欲。

（四）国际合作与交流

通过参与国际交流项目等方式，小学英语教育正越来越多地涉足国际合作与交流。这些活动为学生提供了直接使用英语与外国同龄人交流的机会，不仅能够提高他们的英语交际能力，还能增进对不同文化的理解和尊重。此外，教师之间的国际交流也为英语教学带来了新的思路和方法。

这些创新实践的引入，正逐步改变小学英语教育的面貌，使其更加符合当今世界的教育需求。通过不断探索和实践，小学英语教育将能够培养出更多具有全球视野、跨文化交流能力和终身学习能力的学生。

三、小学英语教师培养中的机遇与创新

随着全球化的深入和教育技术的飞速发展，小学英语教师培养面临前所未有的机遇。这些变化不仅为教师职业发展开辟了新的道路，也为提升教学质量提供了新的思路和方法。

（一）专业知识与技能的全面提升

在全球化背景下，对小学英语教师的语言能力和教学技能提出了更高的要求。教师不仅需要具备扎实的英语语言知识，还需要掌握如何有效地教授英语，激发学生的学习兴趣和潜能。因此，高校正在通过更新课程内容、引入现代教学理论和方法，重视教师的语言能力和教学技能的双向发展，从而全面提升教师的专业水平。

（二）持续的专业发展

持续的专业发展已成为教师职业生涯中不可或缺的一部分。通过提供丰富的在线学习资源、专业研讨会和工作坊，教师可以不断更新自己的教育知识，学习最新的教学技术。这不仅有助于教师适应教育领域的快速变化，也为教师个人职业成长提供了宝贵的机会。

（三）跨文化能力的培养

在全球化时代，跨文化交际能力对于小学英语教师来说至关重要。因此，高校越来越重视跨文化交际培训的重要性，通过提供跨文化交流项目、国际教育合作等机会，加强教师的全球视野和文化敏感度。这样的培训不仅能够帮助教师更好地理解不同文化背景下的学生，也能为学生提供更加丰富、真实的学习体验。

（四）技术应用能力的强化

教育技术的应用已成为现代教育的一大趋势。鼓励教师掌握和应用最新的教

育技术，如智能教学软件、在线互动平台等，可以显著提高教学效率和质量。通过培训和实践，教师能够更有效地利用技术手段进行教学设计和实施，创造出更加生动、互动的学习环境。

总之，小学英语教师培养正处于一个快速发展和变革的时期。通过抓住机遇，不断创新和实践，可以有效提升教师的专业知识、技能以及全球视野，为小学生提供更高质量的英语教育。

四、结论

在全球化的背景下，小学英语教育正面临着前所未有的机遇。这些机遇不仅为英语教学提供了新的视角和方法，也对小学英语教师的培养提出了更高的要求。通过探索和实施一系列创新实践，小学英语教育可以更有效地激发学生的学习兴趣，提升其语言能力和跨文化交际能力，为他们在全球化社会中的成功奠定基础。

全球化与国际交流、技术进步、教育政策的支持等机遇为小学英语教育带来了新的发展空间。同时，教学方法的创新、课程内容的丰富、教育技术的整合以及国际合作与交流等创新实践，为提高教学质量和效果提供了有效的手段。这些变化和创新对小学英语教师的培养提出了新的启示：教师需要具备更为全面的专业知识和技能，持续地学习和发展，以及掌握跨文化能力和技术应用能力。

因此，持续创新和适应变化成为小学英语教师培养过程中的关键词。未来的教师培养体系需要不断更新教育理念，引入创新的教学方法和技术，加强实践教学和国际交流，以确保教师能够有效应对未来小学英语教育的挑战。只有这样，才能培养出能够适应21世纪教育需求的优秀小学英语教师，为学生的全面发展和终身学习奠定坚实的基础。

总之，小学英语教育的未来发展需要教师、高校、政府和社会各界的共同努力。通过不断探索和实践创新，使小学英语教育将能够更好地满足学生的学习需求，并培养出具有全球竞争力的学生。

第三节 职前全科教师背景下，小学英语教师培养的未来方向

当前全科教师培养面临的挑战主要体现在教育资源分配不均、教学方法单一、师资力量不足等方面。同时，信息技术的迅猛发展和教育理念的不断更新也对教师提出了新的要求。这些挑战要求教育者们不断探索和创新，以适应教育全球化的趋势。与此同时，全球化也为小学英语教育带来了前所未有的机遇。通过网络资源和多媒体技术，教育者可以为学生创造更加丰富和真实的学习环境，激发他们的学习兴趣，提高他们的英语水平。此外，国际合作项目和跨文化交流活动也为教师和学生提供了宝贵的学习和发展机会。在这样的背景下，小学英语教育的重要性不言而喻。为了应对全球化的挑战和把握发展的机遇，教育者们必须对职前全科教师背景下小学英语教师的培养模式进行深入的思考和创新，不断提高教师的专业水平和教学能力，为学生的全面发展和未来的国际交往奠定坚实的基础。

一、教育政策与体系改革

在全球化背景下，教育政策和体系的改革成为支持和推动小学英语教育发展的关键。面对教育环境的快速变化和新兴需求，教育政策的制定和体系的构建需要更加灵活和适应性强，确保能够有效地支持教师和学生的发展。

（一）适应性政策制定

为了应对教育的快速变化，制定灵活的教师培养政策变得尤为重要。这意味着教育政策需要能够及时反映新的教育理念、技术发展和社会需求，为教师提供持续学习和专业发展的机会。例如，政策应鼓励和支持教师利用在线资源和平台进行自我提升，参与国际交流和合作，以及接受跨文化教育培训。此外，政策还应该为教师提供足够的时间和资源，以探索和实践新的教学方法和技术，确保他们能够在教育实践中不断创新和适应变化。

（二）跨学科教育体系

推动跨学科整合是现代教育体系改革的另一个重要方向。在小学英语教育中，跨学科教育体系的建立旨在促进全科教师具备多元文化和学科知识，从而更好地满足学生的学习需求。这要求教育体系不仅在内容上进行整合，如将英语教学与科学、社会学、艺术等学科相结合，还需要在教学方法和评估机制上进行创新，以支持和鼓励教师和学生进行跨学科学习和探究。通过这种方式，学生不仅能够在学习英语的同时获得广泛的知识和技能，还能培养他们的批判性思维和创新能力。

综上所述，适应性政策制定和跨学科教育体系的建立，是教育政策与体系改革中的两大关键领域。通过这些改革，可以为小学英语教师的培养和小学英语教育的发展提供坚实的支持。

二、教学方法与课程设计的革新

随着教育理念的更新和技术的发展，小学英语教育正经历着教学方法和课程设计方面的深刻变革。这些革新旨在提升学生的学习效率和动力，同时培养他们的全球视角和跨文化理解能力。

（一）以学生为中心的教学法

在小学英语教育中，采用以学生为中心的教学法已成为一种重要趋势。项目式学习和探究式学习等方法鼓励学生主动探索和学习，将英语学习与实际生活和学科知识相结合。通过这些方法，学生不仅可以在完成具体项目的过程中练习英语技能，还能提高解决问题的能力和创新思维。例如，教师可以设计一个调研项目，要求学生利用英语资源收集信息，并用英语展示他们的发现。这种教学法能够使学习过程更加生动有趣，增强学生的学习兴趣和主动性。

（二）数字化与信息技术的整合

信息技术的应用是小学英语教育革新的另一大亮点。通过整合数字化工具和平台，如在线教育软件、互动白板和虚拟现实技术等，教师可以创造更加丰富多样的学习环境。这些技术不仅可以帮助学生通过视觉、听觉等多种感官进行学习，还能提供个性化学习路径，满足不同学生的学习需求。此外，利用信息技术进行协作学习和英语交流，也能有效提升学生的英语实际应用能力和跨文化交流能力。

（三）全球视角的课程内容

在全球化的今天，加强全球视角和多文化背景下的课程设计对于小学英语教育尤为重要。课程内容不仅要包括基础的语言知识和技能，还应涵盖世界各地的文化、历史和社会现象，帮助学生建立起对世界的广泛认识和理解。通过这样的课程设计，学生不仅能学习英语，还为其将来在多元化世界中的沟通和合作打下基础。

综上所述，以学生为中心的教学法、信息技术的整合以及全球视角的课程内容的革新，共同推动了小学英语教育的发展。这些革新实践不仅提升了教学和学习的效果，也为学生的全面发展和未来的国际交往奠定了坚实的基础。

三、实践教学机会的增多

随着教育技术的发展和国际交流的加深，更多的实践教学平台和国际合作项目成为可能，为小学英语学习带来了新的机遇。

（一）实践教学平台的建设

为了增强小学英语教育的实践性和互动性，建设多样化的实践教学平台变得尤为重要。虚拟教室技术的应用，允许学生通过互联网在一个模拟的英语环境中学习和实践，不仅提高了学习的灵活性和可访问性，也大大丰富了教学资源。此外，与本地和国际组织的校外合作，如访问英语文化中心、参与英语戏剧社等活动，为学生提供了实际使用英语的机会，增强了学习的现实意义和效果。通过这些实践教学平台，学生能够在真实或模拟的环境中练习英语，加深对语言的理解和应用。

（二）国际交流与合作项目

鼓励学生参与国际交流和合作项目，是提升其跨文化交际能力的有效途径。通过与英语为母语国家的学校建立伙伴关系，开展学生互访、视频会议、共同项目等活动，学生可以直接与外国同龄人交流，了解不同的文化背景和生活方式。这种国际交流经验不仅能够激发学生学习英语的兴趣，还能帮助他们建立国际视野。同时，参与国际项目还能让教师交流教学经验和方法，促进教育创新和教师专业发展。

总之，通过扩展实践教学和实习机会，小学英语教育能够更加注重学生的实际应用能力和跨文化交流能力的培养。这不仅有助于提升学生的英语水平，也为他们的全面发展和未来的国际交流奠定了坚实的基础。这样的教育理念和实践对于培养未来社会所需的人才具有重要意义。

四、人工智能技术的广泛应用

在当代教育领域，人工智能（AI）技术的快速发展和广泛应用已成为推动教育创新和提升教育质量的重要力量。AI技术，凭借其数据处理能力、模式识别功能以及学习算法，正逐步改变教学方法、学习方式和教育管理，为传统教育体系带来前所未有的变革机遇。

在小学全科教师培养方面，AI技术的应用尤为显著。随着教育个性化和学习方式多样化的需求日益增长，AI技术为满足这些需求提供了可能。通过利用AI，可以为未来的小学全科教师提供更加精准和高效的教学设计工具、评估和反馈系统，以及专业发展支持，从而极大地增强教师的教学能力和职业成长潜力。

AI技术的广泛应用不仅能够帮助教师更好地理解和适应学生的学习需求，还能够促进教师专业技能的持续发展和更新。此外，AI技术在跨学科教学、个性化学习路径设计以及教育资源的创新利用等方面，为小学全科教师培养开辟了新的视角和实践途径。在这一背景下，探讨和实现AI技术在小学全科教师培养中的有效应用，对于提升未来教育质量、培养具备全科知识的教师具有重要意义。

（一）动态课程内容生成

利用AI技术，教学内容可以根据学生的学习反馈和进度动态调整。这种动态生成的课程内容，能够确保教学活动始终贴近学生的实际需求和学习状态，极大提高教学的有效性和学生的学习兴趣。例如，如果一部分学生在特定的数学概念上遇到困难，系统可以自动生成更多相关的练习和解释材料，直至学生掌握这一概念。

（二）创新教学方法的引入

AI技术还为教学方法的创新提供了丰富的资源和工具。基于游戏的学习通过引入竞赛和奖励机制，使学习过程变得更加吸引人和富有挑战。而模拟情境学习则能够创建虚拟的教学环境，如模拟历史事件或科学实验，让学生在仿真的环境中探索和学习，从而提升学生的实践能力和解决问题的能力。通过这些创新的教学方法，学生能够在互动和探索中获得知识，享受学习的乐趣。

AI 技术在教学设计中的应用不仅能够使教学活动更加高效、个性化，还能够激发学生的学习兴趣和参与度。对于职前全科教师而言，掌握这些 AI 技术的应用，意味着将来能够为学生创造一个更加丰富多彩、灵活适应的学习环境。

五、结论

未来全科教师培养的发展方向将更加注重适应全球化时代的教育挑战，尤其是在小学英语教师的专业成长路径方面。随着全球化进程的加速和教育技术的快速发展，小学英语教育正面临前所未有的机遇。因此，教师培养体系需要不断地创新和变革，以培养出能够满足未来社会需求的高质量教师。

在小学英语教师的专业成长路径上，未来的发展方向将包括以下几个关键点：

第一，全面提升专业知识与技能。不仅包括英语语言知识的深入掌握，还包括教育心理学、跨文化交际学等相关知识的学习，以及现代教学方法和策略的应用能力。

第二，加强实践教学与国际视野的培养。通过增加实习机会、建立国际交流合作项目等方式，提供实际教学经验的积累，并拓宽教师的国际视野。

第三，整合教育技术，提升教学效率。鼓励教师学习和应用最新的教育技术，如虚拟现实、增强现实、在线教育平台等，以提高教学效率和学生学习兴趣。

第四，持续的专业发展和个性化成长路径。为教师提供持续的学习资源和发展机会，支持教师根据个人兴趣和职业规划制定个性化的学习和发展计划。

为了实现这些发展，教师培养体系需要不断地进行创新和改革。这包括更新教育理念，改革课程设计，加强教师培训，以及提供足够的实践和国际交流机会。只有这样，才能培养出既具备深厚英语语言教学能力，又拥有广阔国际视野和高效教学技能的小学英语教师，从而有效应对全球化时代的教育挑战，为学生的全面发展奠定坚实的基础。

参考文献

[1] 陈冬花，冯建瑞．小学英语课程与教学[M]．重庆：西南师范大学出版社，2021．

[2] 崔照笛，孙旱迪．小学英语教学基础[M]．长春：吉林大学出版社，2020．

[3] 梁威．农村小学全科教师成长手册[M]．北京：北京师范大学出版社，2014．

[4] 陈珂．现代小学英语教师素养与职业技能培养研究[M]．长春：吉林人民出版社，2022．

[5] 郄利芹．教师教学技能培养系列教程·小学英语[M]．北京：中国轻工业出版社，2019．

[6] 张哲华．实用中小学英语教学法教程[M]．成都：西南交通大学出版社，2018．

[7] 李帆，李婷婷．教育戏剧在小学英语教育教学中的应用[M]．武汉：武汉大学出版社，2021．

[8] 孙慧琦．小学英语多元目标与教学策略[M]．福州：福建教育出版社，2019．

[9] 郑建英．指向成长型思维的小学英语协同学习[M]．苏州：苏州大学出版社，2021．

[10] 洪子锐，惠幼莲．小学英语教学法[M]．广州：广东人民出版社，2006．

[11] 蔡绿妍．小学英语新课程教学法[M]．长春：东北师范大学出版社，2014．

[12] 李玉明，潘娟作．基于核心素养的小学英语主题式语篇教学实践研究[M]．芜湖：安徽师范大学出版社，2020．

［13］姚黎阳.小学英语情趣课堂教学[M].福州：福建教育出版社，2015.

［14］滕春燕，赵璐.新编小学英语教材教法[M].成都：西南交通大学出版社，2015.

［15］郭平.新课标教师培养与学生成长[M].北京：现代教育出版社，2011.

［16］湖南省教育厅.小学英语教学论[M].长沙：湖南科学技术出版社，2008.

［17］陈昕，虞伟庚.乡村小学全科教师培养策略研究[M].上海：上海交通大学出版社，2022.

［18］李孝川.云南省全科型小学教师培养模式研究[M].北京：中国书籍出版社，2021.

［19］孙湘文.基于基地校建设的智慧教师培养的行动研究[M].沈阳：沈阳出版社，2019.

［20］潘健.小学教师培养模式：问题与抉择[M].南京：南京师范大学出版社，2011.

［21］王妍，吴怡作.新时期小学教师专业实践能力的培养[M].哈尔滨：哈尔滨出版社，2023.

［22］陈珂.现代小学英语教师素养与职业技能培养研究[M].长春：吉林人民出版社，2022.

［23］李玉龙.小学课堂教学设计与教师审美思维培养[M].北京：中国纺织出版社有限公司，2022.

［24］周敬思，等.教师培养改革趋势研究[M].长春：东北师范大学出版社，2002.